出版的边界

耿相新 著

中国传媒大学出版社
·北京·

于书，我是使者，更是信徒，
只有书本身是唯一的上帝。

作者手记

耿相新，出版人，学者，编审。

1985年毕业于北京师范大学历史系。首届中国出版政府奖优秀出版人物奖获得者，被列为"全国文化名家暨四个一批人才"、首届全国新闻出版行业领军人才，享受国务院政府特殊津贴。

学术研究方向主要为书籍史、出版史与出版理论，出版有《忽必烈汗》《中国简帛书籍史》《书界无疆》等著作9部，发表论文60多篇。

出版说明

中国出版产业发展研究丛书是中国传媒大学传播研究院编辑出版研究中心策划并主持的出版项目。丛书直面深化出版体制改革、出版产业政策调整、当代出版文化等重大问题，多视角、全方位地为中国出版产业的发展提供理论支持和实践参考。丛书有幸被列为国家出版资金资助项目，已陆续推出第一辑和第二辑。

当前，中国特色社会主义进入了新时代。这是我国发展新的历史方位，也是我国新闻出版业发展的重要契机。要推动新闻出版业实现高质量发展，必须进一步深化文化体制改革、完善文化管理体制，健全现代文化产业体系和市场体系，重视传播手段建设和创新，提高国际传播能力。在这个新时代，我们的中国出版产业发展研究丛书有志成为一个开放性平台，聚合起更多同行者，跟进、反思并推动中国新闻出版业的改革和发展，为此进程不断地贡献力量。

德不孤，必有邻。感谢为丛书贡献智慧和力量的各位作者，这是中国出版人和出版研究者共有的平台。我们坚信，中国出版产业改革一直"在路上"，我们的研究和行业观察也一直"在路上"。祝愿丛书不断延续，日益精进。

未来出版：谁还是主角

（代序）

"出版"一词的概念与边界，在数字技术与资本市场的冲击下，正变得模糊与恍然。"出版"一词的原主角——出版社，越来越多地加入到怀疑自我的队伍中，未来，大家还能不能够再一起唱？

传统出版社的角色与定位，长期以来是中间商，就是将不同作者的作品通过编辑、加工、复制成品，再通过不同渠道传递给不同的读者，说到底就是信息、知识、思想的中介。这一角色定位决定了它的组织规模与操作模式。无论中国还是西方，在雕版印刷、早期机械印刷时代，出版都具有浓重的家庭作坊性质。西方在工业革命之后，印刷机械出现，促进了生产力的提高，出版的组织形式发生了一系列变化，主要是编辑、印刷、发行趋向专业化，股份制专业出版公司涌现并逐步发展。而在中国，自晚清引进西方机械印刷后，则迅速淘汰了手工雕版。这是一次典型的由技术革命而引发的出版震荡，最终的结果则是绵延了数百千年的雕版印刷出版商销声匿迹了。不幸的是，我们正颠簸在另一场技术革命的汪洋里；幸运的是，上一场技术革命抛弃的只是落伍的技术和组织，出版以及出版商则重施粉墨再次登场。所不同的只是出版舞台上的角色则大多是新面孔了。

尽管以家族为主导的古老的出版商经过技术洗礼或被淘汰或再发新力，出版商的本身角色并没有根本性的转变，它依然是作者与读者之间的桥梁，也就是说技术并未冲垮出版商的核心竞争力——内容组织能力、编辑加工能力、渠道经销能力，出版商的顽强得益于这些能力的组合、综合与总合。

然而，自20世纪末云涌而起的数字技术，颠覆的已不再是落后的技术与落伍的人，而是正在动摇出版商的商业模式——以提供著作权人内容资源给读者的中间商的盈利模式。

数字技术的主导者——数字技术公司正在以全新的技术与商业模式解构传统出版商。数字技术公司以在互联网上搭建内容发布、传播的技术平台为切入点，以达成作者与读者直接沟通、互动为特点，以免费或部分免费为号召，以打碎书籍、杂志整体内容而只收取读者需要部分的下载费用为吸引力，以海量内容资源招揽海量客户为基础，以增值服务、佣金、广告等手段为主要利润来源，从而构建了一种以基于内容发布平台服务为特征的新出版商业模式。以数字技术为主导的内容发布平台的主人、拥有者正在替代传统出版商而成为新的数字出版商。新的数字出版商已经登场，他们最有力的武器是让作者与读者几乎可以在同一时空直接互动与完成交易，这一变化对传统出版商几乎是致命的。传统出版商要么学习数字出版商完成身份转换，从内容中介角色转向内容服务角色，也成为数字出版商；要么退居数字出版商的身后，做强做专某一内容领域，为数字出版商提供内容资源，暂且残喘；要么，最后，退出出版历史的舞台。

20世纪的传统出版商不仅遭遇了技术革命，同时，自20世纪70年代以来西方的传统出版商还迎来了资本市场的压力。资本市场的活跃导致大型出版传媒集团的诞生，一些大财团或媒体、出版集团利用从资本市场募集来的大量资金广泛并购，中小型的独立出版商不得不屡屡随之起舞，纷纷改换门庭。中国出版业在全球化的大背景下，为增强自身的竞争力与影响力，奋起直追，进入21世纪以来，快步进入集团化时期。继集团化之后，近年来，出版集团又开始进入资本市场，纷纷选择上市。出版的主角由单个出版社变为出版集团再变为出版传媒上市公司，自己原有的角色是否能够演好姑且不论，但在技术力量、资本力量的双重压力下，选择利用资本市场的力量强化传统出版商的竞争力，并探索新的出版商业模式，这条道路无疑是正确的。

出版集团作为新的主角，目前战略突围的策略选择主要有两条：一是利用原有资金，通过兼并、重组国内优质出版资源，尤其是民营资源，从而强化传统出版商的核心竞争力——内容组织能力、编辑加工能力、渠道经销能力；二是以资本市场为依托，实施跨国、跨语种、跨媒体、跨介质、跨产业、跨所有制的融合发展战略，探索形成以出版产业与相近行业、产业融合为特征的新商业模式，逐步完成从单纯内容经营商向综合性内容服务商的转变，其中自然也包括向数字出版商的角色转变。

以产业融合为特征的现代出版传媒集团同样面临数字出版商甚至数字出版集团的挑战，也同样存在身份与角色转换的问题。相较于单个传统出版商而言，大型出版传媒集团手中多了集约化的优质内容资源与相对雄厚的资本两张牌,但在以颠覆姿态出场的数字出版集团面前,过去积累的内容资源很可能是历史包袱,眼前微利也很可能会屏蔽战略眼光。同时,内容是以创新与及时更新为生命活力的,而这一点恰是数字出版商的优势所在。众多出版传媒集团只有全部或者分类联盟抱团,搭建共同内容发布平台,才能将累积的内容资源转换成利润。更实际地说,传统出版商,包括仍处于以传统出版为主业的出版集团或者上市公司,在未来竞争中的真正优势是一代代积淀下来的内容组织能力、编辑识见、远见与整合的加工能力以及市场营销、渠道经销能力,只有紧紧抓住自身的核心竞争力,才有可能完成向内容服务商的角色转换。

目前,无论东方还是西方的出版舞台上,正在活跃着四类人群:以内容中介角色为特征的独立传统出版商(出版社)、出版传媒集团;以数字内容服务角色为特征的数字技术公司或者数字出版商(数字出版集团);以数字技术服务角色为特征的平台运营商、技术集团;以内容中介、数字内容平台服务两者融合的大型出版传媒集团与数字出版集团。传统出版商(出版社)只有创新自己的专业与特色内容,充分利用原有的竞争力,学习数字出版集团、大型跨国出版传媒集团的经验,形成某一专业的全球优势,才有可能生存下来,并最终实现向内容中介商与数字平台服务商相结合的专业内容服务商的角色转变。否则,我们肯定不能再在一个舞台上共同歌唱。

无论技术与资本的力量如何强大,历史的经验证明,书籍依然会存在——书在,出版就在;出版在,出版人就在。也许,不断变幻的只是出版人的面孔而已。

目 录

第一章　出版的革命 …………………………………………………… 1

第二章　知识的革命——从出版的视角 ……………………………… 14

第三章　出版的新业态与新角色 ……………………………………… 34

第四章　数字出版内容的新边界 ……………………………………… 43

第五章　数字教育出版商的得与失 …………………………………… 49

第六章　全球数据库出版图谱 ………………………………………… 59

第七章　从图像积累看图像出版的扩张过程 ………………………… 68

第八章　动画出版与漫画出版 ·············· 78

第九章　论按需出版 ······················· 91

第十章　论平台型出版 ···················· 103

第十一章　古今全集出版小史 ············· 118

第十二章　华夏文明传承创新的数字化思考 ···· 200

主要参考文献 ····························· 222

索　引 ··································· 227

后　记 ··································· 258

第一章 出版的革命

如火如荼的数字技术正在引发一系列革命——作者的革命、读者的革命、书籍的革命、出版的革命,只不过是数字技术点燃的一堆堆篝火,但这一堆堆篝火已让传统出版人感受到了切肤之痛,一缕缕迷茫正在冉冉上升。如何顺应这一系列的出版革命,如何改变传统的内容组织方式以适应新型读者的新需求,传统出版人如何转型为数字出版人,这些已经是当下出版人不得不面对的问题。

移动互联网、云计算、大数据等新一代数字技术正在诱发数字出版加速发展。移动互联网使得手机、平板电脑迅速普及。据艾瑞咨询发布的《2012年中国手机应用市场年度报告》,2012年中国智能手机网民规模已达到4.5亿人,这个数字还在增长中。

这个庞大的人群同样也是内容提供商潜在的读者群。移动互联网为云计算创造了条件,云计算催生了大数据库的诞生。云计算通过网络将庞大的计算处理程序拆分成无数个较小的子程序,再由多部服务器所组成的庞大系统搜索、计算、分析之后将处理结果回传给用户。它具有以下特征:按需自助服务、随时随地用任何网络设备访问、多人共享资源库、快速重新部署内容资源、提供可被监控和测量的服务。这一技术极大地拓展了内容提供商的外延。大数据是指一般的软件工具难以捕捉、管理和分析的大容量数据，是一种海量、高增长率和多样化的信息资产，它的意义在于通过对海量数据的交换、整合和分析，发现新的知识，创造新的价值，这一技术为内容提供商提供了新的思维路径与商业模式。对于内容提供商之一的出版商而言，以上三种技术的共同作用，不仅引发了上游——作者的革命、下游——读者的革命，而且还引发了产品形态——书籍呈现方式以及出版自身组织——商业模式的一系列革命。

首先是读者的革命。我之所以敢用"革命"一词，是因为读者的各项需求与变化均产生根本性的改变。一是读者对内容的需求具有更强的个性化，其选择性需求具有更强的针对性。新型读者不再对出版商所提供的一厚本一厚本的整部书感兴趣，他们更愿意为一部书中的一章或者一节付费，读者已经不再心甘情愿因仅需书中的20页而必须购买另外的200页。书籍的碎片化、杂志化——犹如一本杂志可按篇付费下载一般，或许更能满足读者的心理预期。这种个性化需求，在数字技术的支持下，已经不再是一种奢望。二是读者阅读的方式呈现更强的碎片化。他们更喜欢利用碎片化时间，随时随地地阅读主题精炼、篇幅短小、信息集中、知识丰富、思想简明的书籍或者其他经过筛选加工的出版物。这种需求，将迫使出版商认真思考：什么样的书籍呈现方式才能满足新型读者的碎片化阅读需求？书籍呈现方式的多样化，将逐步成为数字阅读时代的一大出版趋势。三是读者更加关注阅读感受分享的即时性。由互联网联结起来的、打破地域空间限制的一个个兴趣小组，将成为或者已经成为大众阅读的主力，这些经过细分的兴趣小组，尽管阅读指向千差万别，但他们有一点兴趣却是共同的，那就是每一位读者都希望第一时间与其他读者分享自己的阅读快感，即时的网络交流提升了书籍的内在价值和体验价值。满足书籍体验价值将成为出版商的新课题。四是读者与作者之间的关系已呈互动化。新型读者已不喜欢被动阅读，他们更希望通过网络直接建立与作者的某种联系，直接向作者提出问题或者提出某种建议。读者企图进入作品内部，企图成为作品的一部分，或修正或创造，或者试图影响作者的创作思路和文本构架。读者角色反串的企图将为书籍烙上读者的印记，这一互动关系将有助于提高书稿的内容质量，同时也有助于书籍的更广泛传播。五是读者消费书籍的方式呈即时性。与以往购书必须到实体书店有所不同，读者现在可以通过网络书店即时下单，但更大的趋势是读者可通过移动互联网随时随地付费下载或阅读自己感兴趣的书籍或者书籍的部分章节，这将直接改变出版商的传统营销方式与传播渠道，更多基于数字化、网络化服务的平台将加入到书籍销售的队列中。六是专业研究型读者，其研究资料更倾向于具有全面性、稀缺性、唯一性的大型数据库，其研究工具将更依赖于精准搜索引擎，其研究方法将更关注于研究内容的关联性与可比性，其学术视野将更具集成式的整合性，其学术成果将追求原创与独创。对于研究型专业读者，无论其研究领域有何不同，其对最新、最全面信息的需求是共同的，这一需求在数字化时代被进一步放大，如何组织最新内容已成为检验一个出版商能力的标准之一。

读者需求的根本性变化直接导致书籍内容的创造者——作者的革命。换句话说，在移动互联网时代，作者为了满足新型读者的新需求，也不得不改变自己的创作方式与创作内容。其一是作者群体的泛化。无数的各种类型互联网平台的搭建，为不同文化层次的人群提供了发表言论或文本的广阔空间，数以百万计的平台为数以千万甚至亿计的人们提供了发表文字的机会。这一井喷式、爆炸式增长的文字作者队伍以及由他们书写下来的海量文字正在改变"出版"以及"出版物"两个概念，但无论文本篇幅的长短，我们均无法否认他们的文字作者的身份，我们所能限定的也许只是其是否符合书籍范畴而已。这一泛化的作者群体，在催生海量书籍的同时，毫无疑问也将导致书籍品质的普遍下降，当然不排除偶发的精品问世。其二是作者创作内容的碎片化。由信息、知识和思想所构成的书籍文本，在碎片化阅读需求的总趋势下，文本的篇幅正在单元化，小说的篇幅越来越长，由多个主题构成的书籍文本正在被分拆成不同的独立阅读单元以适应读者的碎片化时间，或者适应读者的小单元需求。书籍文本的碎片化正在解构传统的书籍形态，宏大叙事将渐渐让位于主题细化，信息型、知识型书籍将大行其道，而思想的表达将越来越集中于专题之中。其三是作者队伍呈两端分化。一方面是服务于大众阅读的作者呈几何式增长，另一方面是学术研究型作者更趋专业化，去精英化与精英化、大众化与去大众化两向发展。与大众阅读文本的碎片化不同，学术专著还呈现研究领域比过去更专更细、文本篇幅比过去更多更长的趋势，专业作者突破了手工作业与纸载体的限制，数字载体为集大成式的研究成果提供了技术可能，动辄百万甚至数百万字的学术成果已不再令人叹为观止，甚至个人创建的特色鲜明、主题明确的专业数据库也已不再稀见。其四是作者的写作方式呈即兴式的网络化状态。在线写作的人群日益壮大，尤其是虚构类作品的创作，作者的即时写作逐步演变为常态甚至主流，至少从字数上可以这么认定。随写随发式的网络在线创作数量已大大超过专业作家的创作，至于质量当然不能恭维。这种创作方式类似于过去的报刊连载，不同的是作者与读者间的互动性大大增强，作品的数量更可能是一日越千年，而文本的完整性、系统性甚至逻辑性更有可能随着作者的心态变化而有所减损，甚至被破坏。其五是作者的著作权权利呈放大趋势。目前，硬件制造商(如汉王科技、苹果)、电信运营商(如中国移动"手机阅读"、电信"天翼阅读"、联通"沃阅读")、内容提供商(如盛大文学、中文在线、3G门户)、电商(如当当网电子书频道＋都看阅读器、亚马逊Kindle)、门户网站(QQ阅读、新浪读书频道)等，纷纷上线阅读平台，对作者资源的争夺已呈白热化状态。传统的作者著作权授权给一家出版社的专有出版模式被打破，数字作品的著作权不再具有排他性，作者可以将著作权同时授予不同的数字出版商，其作品可以在不同的阅读平台上传播，作者著作权的使用范围与权限无形中被放大。阅读平台争夺优质内容资源，无疑让作者处于强势地位。其六，作者角色正在朝着出版人角色转变。互联网尤其是移动互联网上各种原创阅读平台的线上运营，已经让网络线上作家抛开传统的纸质图书出版社而直接在阅读平台上发表作品，但作者们很快就沮丧地发现，实质上阅读平台也只不过是传统出版社的变脸而已，说到底网络阅读平台就是数字出版商。不过，互联网无疑给作者自助出版创造了可能性与可操作性，作者可以自创网页发表自己的作品，自己去编校文本而只将传播权授权给网络运营商，从而获得包括传统出版商利益在内的更多收益。作者试图成为独立出版人的意图，将会随着自出版的兴起而在未来呈现出越来越强的趋势。也许，作者的革命对传统出版商而言是最致命的。

在读者与作者的双层变革下，书籍自身也在悄然进行一场革命。书籍是以不同的文字，将不同的信息、知识、思想，通过不同的复制手段，复制于不同的载体，以不同的传播渠道进行传播的出版物。文字载体的变化随着技术的进步而不断变化。众所周知，载体经历过石头、金属、甲骨、木牍、缣帛、竹简、纸等阶段，目前已进入纸与数字化屏幕并用的时代。每一次载体形式与复制技术的变革毫无疑问都会引起内容的呈现方式与传播方式的巨大变化。纵观书业的历史，技术促使书籍的内涵与外延一直在不断地扩大，尤其是在当下，由纸向屏幕的转变已经给书籍自身带来了具有划时代意义的革命。

书籍的疆界在扩大。第一，由纸转向屏幕，文字与图像的结合成为书籍的常态。近二十年来，纸质图书进入读图时代；近十年来，图像更是广泛进入电子图书领域。图像突破纸幅的限制，它在读屏时代，更容易进入文字中间去以图证文或以文证图，但并不增加过多的相应成本。图像广泛进入书籍内部，拓宽了书籍的表现能力，拓展了书籍的表达能力，提高了书籍的视觉冲击力和艺术感染力，同时提高了读者的理解能力和记忆能力。在读屏时代，文字找到图像这个同盟军后，图文并茂的书籍变得生动活泼起来。数字图像的崛起，反之也几乎同时推动了纸质图文书籍的进一步兴盛。第二，由纸转向屏幕，文字与音频的结合也在数字技术的帮助下开始兴起。文字书籍与声音的结合无疑拓展了书籍的功能，书籍的阅读与听读得以同步实现。MPR 出版物 (Multimedia Print Reader) 是最典型的新型书籍。MPR 出版物就是以 MPR 码将音（视）频等数字媒体文件与印刷图文关联，借助于播放器，使读者能够在阅读的同时，同步聆听和观看数字媒体文件。MPR 技术架起了纸媒与数媒之间的桥梁，在纸质媒体上借助播放器（点读笔）也可以听到声音。智能手机也将很快拥有点读功能，届时，有声读物将会成为书籍的新宠。第三，由纸转向屏幕，文字、图像、音频、视频四者的结合将成为数字书籍的最新形态。MPR 出版物已经能将四者同时呈现给读者，但这种听读书籍还要借助于播放器，不久，智能手机将会完全实现读、听、观的完美结合。目前，在智能手机的屏幕上，我们已经能够在阅读文字的同时，一边浏览图片，一边听着文字解说。如果对某一文字或图片感兴趣，我们还可以点开与文字或图片相关的视频。四种内容同时呈现，将是这类出版物未来的出版方向。

总体而言，未来书籍的呈现方式一定是多元的，尤其是音视频加入后，书籍的功能会得以大大拓展，它将充分弥补文字时而出现的苍白无力的缺陷，比如说手工艺流程方面的书籍，如果加入言传身教，书籍的文化传承功能将会更臻完美。

数字技术正在改变人类的社会活动和文化活动，也正在改变包括出版在内的商业活动。传统出版的概念是指通过批量复制内容实现信息传播的一种社会活动，而现代出版的概念则演化为：对以图书、报刊、音像、电子、网络等媒体承载的内容进行编辑、复制、发行或网络传播的一种社会活动。数字技术正在颠覆出版的以上概念，至少可以说它正在颠覆传统的出版商业模式。

第一，媒体的边界正在模糊。书籍正在杂志化，书籍的内容编排不再一定存在有机的逻辑联系，同一书名的书籍也可以像连续性出版物一样按月出版；杂志正在书籍化，杂志的内容越来越多地分类编排成书，杂志的主题集中，越来越像是书籍出版的预演，杂志的厚度甚至越来越超过书的厚度；报纸正在网络化，报纸内容越来越像是经过记者加工过的博客集群，有时还越来越像微博的拉长，深度报道和消息报道的版面越来越网站面孔化；门户网站正在报纸化，新闻类门户网站几乎已看不出来与纸质报纸有什么不同，唯一的不同可能是网站的新闻比报纸快；门户网站正在向书籍看齐，读书频道或者原创阅读平台越来越像是一家正规出版社的出版物卖场展示；书籍正在声音化、视频化，书籍越来越渴望具有全媒体的功能。以上种种，均在展示不同媒体正朝着融合的方向发展的现状。

第二，不同媒体的内容组织形式正在趋向网络化。网络因其博大的开放性以及即时性、互动性，越来越成为不同媒体的内容来源与信息来源，同时它还成为不同媒体的载体。网络平台正在承载传统的各种媒体，在智能手机屏幕上我们可以阅读书籍、报纸、杂志，也可以听音乐、玩游戏、看电影。硬件设备提供商通过建立内容平台正在指挥各种内容提供商归顺到其麾下。电信运营商通过建立阅读基地并以其垄断性的权威迫使内容提供商含泪送上优质资源。网络发行商也以其庞大的商户群体为支撑，通过电子书平台与阅读器进入内容提供商的传统领地，而原创网络平台正在通过建立阅读平台与自出版平台，转变为内容提供商与数字出版商。数字图书馆提供商则以一种多媒体制作的分布式信息系统网购正式出版的各类出版物再转售于客户，只有传统的纸媒内容提供商还没有真正大的举动，也因而其沦为为各方平台提供内容支持的配角。与内容提供商的角色相反，纸媒的内容来源也越来越依赖于网络运营商，从网站上获取信息、知识以及思想，再编辑加工成书籍、报纸、杂志内容进行再出版，这已经是传统媒体从业者心照不宣的共识。网络的威力彻底改变了内容提供商的面貌，尤其是关乎其核心竞争力的内容组织方式。

第三，内容的呈现方式与复制手段，在移动互联与大数据时代，已经发生天翻地覆的革命性变化。纸媒正在顽强地抵抗数媒屏幕的进攻。线上阅读、电子书以及数据库毫无悬念地争夺着海量的人群，它们以新界面新体验的内容呈现方式，以压缩技术压缩海量内容转换成小体积的数字文件，以低到几乎可以忽略不计的复制成本传播给读者，以部分免费或超低价格售卖给读者。无疑，纸媒依靠大工业生产的规模复制的商业模式，在数媒新的商业模式的进攻下，其失败的命运已是注定的。即使是数字印刷可以单本复制和小批量复制，并且在价格上低于或趋平于传统复制，这一技术也仅仅是延缓纸媒的退出时间而已。不过，在新的复制技术面前，我们也不必过于悲观，纸书与数字书籍并行的时间可能相当漫长，纸书不在，书却依然在，只不过用另一种载体呈现而已。

第四，出版物的传播方式正在发生革命。最具革命性的传播方式是在网上直接付费下载电子文档或电子书，以及直接在线上付费阅读。制作手持终端阅读器并附加内容资源也已经成为书籍内容传播的一种流行方式。除以上三种形式外，还有两种较为传统但又区别于纸质出版物的传播形式——光盘与数据库，光盘可以在实体店面与网上书店购买，而数据库大多采用建立镜像站点按年收费的方式供高校、研究机构等团体客户局域传播，但也有一些数据库提供商是采用会员制传播形式的。以上五种传播方式不仅可以提供海量的内容资源，同时这些传播方式还革新了出版商的营销模式，线上营销、智能手机营销、目录营销、数据库营销等新的营销模式均已风生水起。

第五，出版商业模式正在发生革命性的变革。新的商业模式包括两个层面：一个层面是传统的内容提供商，其多年积累的和新开发的内容资源借助新技术与新的传播方式从而实现多次售卖，可将同一内容以纸介质出版，同时可转化成线上阅读、光盘、数据库等多种形式实现多次售卖。另一个层面是数字出版商，其成功的商业模式在国外有以谷歌为代表的数字图书馆模式，有以苹果和亚马逊为代表的"内容平台＋终端设备"模式，有以爱思唯尔和斯普林格为代表的专业数据库模式；在国内有以超星、中文在线、方正为代表的数字图书馆模式，有以汉王、津科、易博士为代表的电子阅读器模式，有以同方知网、万方、龙源为代表的数据库模式，有以盛大网络原创文学、中国移动和中国电信为代表的移动阅读平台模式。同时，这些数字出版商还提供部分内容资源的纸质出版，以获取传统的纸质出版利益，这种数字加纸质出版的综合商业模式目前在国内还比较流行。

出版商业模式的转变，预示了出版革命的真正到来。作为传统的纸质出版商，我们必须正视这一现实，只有以数字化的思维方式才能理解整体出版产业的变迁，只有如此才能真正顺应不可倒退的历史。

由技术而引发的一系列革命，已经屡屡触及出版的本质。出版到底还是不是作者与读者之间的中介？书籍的呈现方式是载体的变化还是书籍的终结？书籍复制成本的剧降是否意味着出版流程将要重组？出版内容传播方式的改变是否意味着出版商以及出版商业模式需要重新定义？这一系列的疑问都关乎一个根本问题——出版商的核心竞争力究竟在哪里？

也许我们还不能给每个问题找到一个人人满意的答案，但我们现阶段可以针对每个问题给出让部分人满意的答案。内容复制技术的进步与内容传播方式的改变，一定意味着出版流程与出版商业模式已经到了不得不重构的历史阶段。书籍内容呈现方式的改变意味着书籍外延的扩大，而出版还仍然是作者与读者之间的一座桥梁，变化的只是出版人与出版平台而已。无论是纸媒出版商还是数媒出版商，真正的核心竞争力不是技术而是人，是编辑的远见与识见以及内容组织能力。尤其是在读屏时代与数字出版商风起云涌的时代，内容资源的组织能力的高下已经成为衡量出版商水准的重要标志。

如何组织内容资源，我认为有以下几种方式值得认真思考：一是建立原创网络平台对接原创作者。不同的内容提供商要依据自己原有的编辑优势和熟知的细分内容领域，创建细分的专业网站，为作者提供创作平台和与读者、编辑之间的交流、互动平台，以专业化的水准吸引优质内容资源。如果是大型传媒集团，还可以建立多个细分网站，构成网站集群，创建综合性的原创作品门户网站，并集中管理。二是在网上创建开放式的投稿平台。不同的内容提供商根据自己的出版方向，设定若干细分专业领域或大众阅读需求领域，在全国甚至整个华文人群中，吸引全球作者自由投稿，然后再对这些稿件进行甄别、编辑。三是在网上创建开放式的约稿平台。由编辑自己提出不同的主题，直接策划选题方案，提出具体的内容体例要求与撰写方案，采取同题作文式的约稿方式，邀请不同的作者参与投稿。四是在网上建立自助出版系统和作品授权系统，对已完成的作品或已出版的作品，意欲出版或重新出版的建立一个授权平台，对接编辑与作者。五是挖掘现有的独特的内容资源，建设不同的专业数据库。各行业都保存有数量惊人的档案资源，可选择有研究价值和应用价值的行业档案，建立分门别类的专业档案数据库或特色资源数据库。六是主动开发具有商业价值的不同行业的产业资源数据库，将即时产生的内容资源即时放入动态的专业数据库,实现内容资源与数据库出版双同步。

未来出版的竞争中,内容资源的争夺将成为主战场。转变内容组织方式,目的是将优质内容资源集中并传播给不同的受众。因此,作为出版商,我们还要建立一个庞大的海量的内容资源数据库或者内容资产管理中心,通过建立书稿数据库或内容档案数据库实现后台管理的数字化。与此同时,还要建立具有自我知识产权的阅读平台、传播平台、销售平台以对接读者的需求。作为纸媒出版商,接下来我们还可以通过内容资源数据库进一步挖掘商业价值:一是实现与三大运营商阅读平台的对接,检验内容资源价值并实现其商业价值;二是实现与按需印刷生产线的对接,以规模化的小批量实现长尾产品的商业价值;三是实现与传统纸质出版的对接,从中发现畅销书并降低出版的传统风险。也许,以上三个对接是我们传统纸质出版商的新希望所在。

总之,我们已经身处纸媒与数媒之间,我们只有以数媒思维引领纸媒,以纸媒思维领悟数媒,行动起来、思想起来、实践起来,舍此,便是空谈误业。

第二章 知识的革命
—— 从出版的视角

知识在数字化、互联网、云计算、大数据和智能化技术的共同作用下，正在上升为国家——文化共同体、经济共同体、政治共同体——战略。一系列的技术革命持续不断地引发了知识生产和知识消费的革命，世界正在进化为一个媒体平台、一个知识平台、一个没有形状和边界的网络平台。毫不例外，作为知识产业的一部分，出版业也正在经受知识革命的荡涤。本章就是企图站在出版人的角度去观察知识的革命，并试图为出版业找到知识革命大潮中的新位置或者新方向。

一

简单地说，知识就是揭示事实，就是人类认识自我和外部世界的成果，包括信息、事实、陈述和技能。柏拉图说，被验证过的、正确的，并且被人们相信的陈述就是知识。"知"在汉字中的字源意义是用口说射箭中的，"识"的本义是用言语指令军队方阵操练，"知识"的中文本义是用语言正确地描述事物变化。中西文化对于知识的认知殊途同归。人类的认知模式可分为经验型认知和反思型认知两种，由经验型所认知的往往是只可意会不可言说的内隐知识——技巧或者技能；而由反思型认知的往往是可以用语言文字描述的知识，我们称之为外显知识。人类认知的模式实际上就是知识生成和生产的模式，无论是内隐知识还是外显知识，认知的主体毫无疑问是人类本身。然而，人类在20世纪中叶发明的计算机却改变了知识生产的认知模式，以数字编写程序为基础的计算机也能像人一样揭示客观世界事实，人类从此进入计算机革命时代，并由此不可避免地引发了知识生产的革命，知识的革命从此揭开序幕。

知识生产的革命奠基于计算机。计算机技术的发展，尤其是计算机由巨型机向个人微型计算机过渡后，人类的思维方式也随着技术的进步而改变。20世纪80年代，哈兰·克利夫兰（Harlan Cleveland）、迈克尔·库利（Michael Cooley）、米兰·泽兰尼（Milan Zeleny），尤其是罗素·艾可夫（Russell Ackoff）不约而同地提出金字塔三角形的知识原型理论，即三角形最下层的是数据，往上收窄依次是信息、知识、理解和智慧。这一知识原型的思维支点就是数据，由此而逐步上升为最高点——人类的价值观和智慧。20世纪90年代，美国的魏娜·艾莉（Verna Allee）在其所著《知识的进化》一书中，将此金字塔形知识原型图改为以同心圆图表示，居于同心圆中心位置的是数据，向外依次是信息、知识、含义、原理和智慧联合体。书中对知识原型图的解释是：数据通过和其他数据联系和组织起来而变成信息；当信息被分析、与其他的信息相联系以及同已知信息相比较时，信息变成知识；知识经过个人理解和解释以及社会化的检验和实践而找到与此相关的主题含义；通过对主题含义（意义）的假设、逻辑推理、抽象概括，得出事物如何运转的规律，也就是要找到原理；对事物原理进行系统性思考和综合思考，人们的认识上升到关于价值的智慧认知、关于价值的智慧判断、关于价值观和世界观的形成；而智慧联合体则是开放的、包容一切的、扩张的、相互影响的价值观的综合。这一模型清晰地揭示了知识生成的过程和知识价值的走向，它让我们深刻地认识到知识的源头是信息、是数据，而数据和信息是构成计算机运行的基本元素，这一模型的意图昭然若揭，人类已经进入借助计算机并与之共同揭示事实的新时代。

电子计算机诞生于1948年的费城，它的最初使命是使人们获取快速计算能力，紧随其后的是数字化和模拟数据以及数据化、软件。数字化是指把模拟数据转换成用0和1表示的二进制码从而使计算机能够处理数据。模拟数据也称为模拟量，相对于数字量而言，它"指的是取值范围是连续的变量或者数值"，是指在某个区间产生的连续值，例如声音、图像、温度、压力。依据维基百科的定义，数据或称资料，是指描述事物的符号记录，是可定义为意义的实体，涉及事物存在的形式，是关于事件之一组离散且客观的事实描述，是构成信息和知识的原始材料。数据可分为模拟数据和数字数据两大类，指计算机加工的"原料"，如图形、声音、文字、数、字符和符号等。数据化是将均匀、连续的数字比特结构化和颗粒化，形成标准化的、开放的、非线性的、通用的数据对象，并基于不同形态与类别的数据对象，实现相关应用，开展相关活动。数据化是数字化的拓展与推进，是内生于数字化的，就像活字印刷术内生于印刷术一样。数字化对应的基本单元是比特（bit），数据化对应的典型对象则是字节（byte）和字（word）。简单地说，数据化就是指一种把现象转变为可制表分析的量化形式的过程。数据化需要借助计算机软件才能实现。软件是一系列按照特定顺序组织的计算机数据和指令的集合，就是计算机程序加文档的集合体。计算机运用编程语言和系统软件与应用软件，将特定事物某一区间所产生的声音、图像、数、符号等连续记录并描述，得出事实，而事实则是知识的本质。计算机生成知识的过程正是上述一系列技术共同作用的过程。知识的生成独立于人脑，知识生产的革命终于到来。

借助计算机，人类记录数据范围、测量数据范围以及分析、使用数据范围的能力都以超出人类大脑想象的方式剧增，通过数据交换、整合和分析，人类快速发现新知识、创造新价值。在数据库和大数据、互联网及移动互联、云计算、人工智能等一系列信息技术的刷新下，知识生产的革命竞相到来。

其一，知识生产进入数据库和大数据时代。数据库发展经过人工管理、文件系统管理和数据库系统管理之后，20世纪末全球进入数据在数量、种类、增长速度三个维度的爆炸阶段，云计算和大数据开始进入人类挖掘数据价值的高级阶段。2010年美国政府提出"大数据战略"，两年后又启动"大数据研发计划"，至

2012年7月美国政府拥有并开放给公众的数据库即达到45万个，涵盖172家机构。用数据库技术收集、保存、维护、管理、分析、共享信息和生产知识的模式，其触角几乎延伸到了人类所关心的各个领域。

其二，知识生产进入互联网和移动互联平台化时代。1969年互联网——阿帕网在美国诞生，1973年阿帕网接通英国、挪威，1991年理论上全球接入互联网的20万台计算机均可以登录的"万维网"诞生，1994年中国接入国际互联网，同年，全球进入互联网商业化元年。至2014年全球网民达到30亿人，互联网站数量超过10.6亿个。互联网由最初的接收信息、发送邮件、社区论坛的平台迅速崛起为涵盖电子商务政务、媒体资讯、社交网络、文化娱乐等领域的交流平台，这个平台更因卫星通信而转移到移动终端之上，互联网于是彻底更新了人们的生活方式和生存状态，它在改变人类社会关系的同时也改变了人类的生产关系。尤其是在知识生产领域，我们可以毫不夸张地断言，目前人类在网上生产的数字知识总量已经远远超过了人类有史以来在纸上及其他传统媒体上的知识生产总量。如维基百科，线上条目超过2 700万，以285种语言出版（2014年7月数据），目前没有任何一家传统出版社可与之匹敌。

其三，知识生产的生产者呈现去精英化特征并转向大众化时代。传统的外显知识的创造者基本上是掌握了语言书写符号的社会精英，只有具备书写能力和研究能力的人才有可能掌握并发展某一门类的知识。但在互联网上，任何人都可以生产相应的知识，任何人都有可能不自觉地成为信息的原始创造者，人人是作者，无人再精英。这种不同于以往以经济利益为基础的信息生产和知识生产方式被约柴·本克勒（Yochai Benkler）称为同侪生产。同侪生产实际上就是大众生产，如博客博主，其写作人并不是平台所雇佣的作者，写作人自主自愿并无偿地上传文章或图像，这种行为就是一种知识工人免费生产知识的新型知识生产方式。

其四，知识生产进入机构化生产和公共性服务时代。随着计算机和数据库技术渗透到社会的各个领域，各政府机构、非政府组织、教育机构、科学机构、科研组织、学会协会组织等带有公共性质的机构纷纷成为知识生产的主角。如美国政府早在2011年所拥有的数据总量就居于制造业、传媒业等17个行业中的第二位。美国联邦政府控制着1万多个独立的信息管理系统，其数据源分为三类：以基层组织上报为主的业务数据库，以主动收集公民或组织信息为来源的民意数据库，以传感器自动采集为主的环境数据库。数据库总量超过45万个，全部对公众免费开放。美国政府建立的数据开放门户网站 Data.gov 于2009年上线，全面开放政府拥有的公共数据。由政府机构生产知识数据库或由各种各类非营利性机构创建数据库免费开放给公众使用的模式已经成为一场开源、开放取用的知识运动。

其五，知识生产进入大规模商业化和大企业化时代。由信息技术推动的新知识生产方式改变了传统的个体生产方式，团队组织、集体创造新知识上升为时代的主流。互联网充满野性的扩张方式造就了一批全球性的帝国式的互联网企业、数字化企业，如苹果、微软、谷歌、亚马逊、脸书、腾讯、新浪、百度等。这些植根于计算机、信息技术和互联网络上的新兴公司迅速聚集了数亿计的客户，并以客户为中心构建起以注意力经济为特征的商业模式，它们让客户创造知识并交流知识、消费知识，但它们却以垄断知识创造平台而垄断知识生产与消费，知识被大型企业垄断的趋势不是在减缓而是在加剧。知识产业越来越集中于少数企业，这一知识生产新模式已成为知识生产革命的时代强音、大势所趋和潮流所向。

二

互联网时代，知识消费方式的变革颠覆了以往所有的经济学理论。知识消费不再是社会再生产中的最终环节，也不再严格区分为生产消费与个人消费，更不再是凯恩斯的社会总需求等于消费和投资之和。互联网经济是注意力经济，所吸引的注意力数量（用户数、活跃用户数）和注意力时间（浏览、阅读、停留、使用）决定了互联网平台企业的经济效益，数量越大、时间越长获得的收益越多。传播资讯、信息和知识的互联网平台是典型的互联网经济，相对于图书、报纸、期刊、广播、电影、电视等旧媒体而言，博客、微博、微信、社交媒体、移动客户端等新媒体已经摆脱了工业化、规模性、显性消费，转向以时间长度为中心的隐形消费。客户数量与规模依然重要，但客户的持续关注时间总长度更重要，在时间的背后隐藏着更大的商业价值，对时间流量收费和将广告化装成知识成为知识消费革命中的新代表。

然而，知识消费方式的革命并不局限于网络广告的变脸和迁移，以及以时间捆绑流量收费的隐形消费创新。互联网作为一种覆盖所有传统媒体的新媒体平台，不可避免地继承了传统媒体的经济收益方式，如付费订阅或购买、客户免费收听或收视而由广告商付费，但互联网经济作为一种全新的经济形态，我们对它的颠覆式的模式创新前景还远没有十分清晰的认识。不过，我们可以结合知识生产的变革路径去观察一下知识消费的新变革。

第一，知识消费者的身份越来越模糊。个人、企业和机构在信息化和互联网背景下，既是知识的消费者，同时又是知识的创造者。读者既在网络上浏览与阅读知识，又有可能是网络上的作者，或文字、图像、音（视）频的上传者、制作者，甚至连点赞之类的简单评论也能成为数据信息而获得新的价值。企业与机构的知识需求成为知识生产的动力，这一动力刺激着企业与机构去生产相关的知识，但同时，这些知识的消费者又是同一或同类的企业和机构。知识的消费者成为公众，公众的知识需求激励群体创造知识的热情并将这些众创信息与知识上传网络以共享，从而将众创知识演变为公共消费，知识的消费者与生产者之间的鸿沟被填平，两者的身份走向平等，身份的解构被共享重塑，知识的消费越来越成为一种开放式的自由获取行为。

第二，知识消费的途径从实体走向虚拟，从线下走向线上。传统的知识消费渠道是读者到实体书店购买或到各级图书馆借阅。但在互联网背景下获取知识的渠道越来越多样化，尽管书店和图书馆依然是读者的心仪之地，但是网络书店亚马逊、当当、京东商城等越来越被年轻一代的读者视为获取知识的首选。电子书阅读器因为聚集了大量书籍内容而被读者视为一个移动的图书馆，如美国亚马逊公司推出的Kindle拥有上百万种电子书资源而被美国读者广泛接受（2011年9月数据）。各种移动终端，如苹果平板电脑iPad和苹果智能手机iPhone上的APP商店也因聚合大量内容越来越成为读者获取知识的新营地。当然，直到目前，互联网上的信息知识是总量最大的内容存储，读者或者知识消费者依靠搜索引擎获取知识的方式是当下最流行、最便捷、最广泛的途径。同时，移动互联网上的搜索与点击正日渐风起，点阅正在向关键词搜索发起冲击。

第三，知识消费方式的网络化特征越来越显著。通过互联网和移动终端消费知识已不再是时尚而是成为了一种生活习惯，尤其是大屏幕手机流行后，即时阅读越来越普遍。互联网修正了人类获取知识的时空概念，人们可以24小时地任意浏览或下载世界各国网上图书馆的数字书籍，跨境、跨语种、跨文化消费知识不再是梦想而已经是现实。同时，互联网作为知识载体，一改过去工业印刷时代万众只能拥有一本内容完全相同的书籍之局面，它让个性化消费知识成为可能，按需复制内容越来越普及，按需出版也将成为一种新的出版模式。互联网不仅满足了读者的个性化需求，它还改变了知识消费者与生产者之间的关系，借助互联网，读者与作者互动起来，知识的单向消费变成了知识的互动，知识在互动中增值越发凸显网络的价值。

第四，知识消费的免费模式和第三方支付模式愈益强化。互联网经济曾经被视为免费经济，互联网内容曾经被等同于免费内容，尽管互联网泡沫破裂后收费悄悄兴起，但互联网上内容免费的经济模式却并没有被动摇，其地位甚至愈益巩固，免费的范围甚至更加宽广。如软件开源运动、开放存取（Open Access, 简称OA）知识库与论文库、世界数字图书馆(The World Digital Library)、维基百科、政府数据库、谷歌图书搜索、众多搜索引擎，等等，无一不是标榜免费的。免费搜索并提供海量免费知识与信息以聚集庞大用户，以庞大用户吸引广告，事实证明这种商业模式十分成功。第三方支付的经济模式在互联网上也以用户免费的面目出现，这本是广播和电视的商业模式，但在互联网上这种商业模式则被进一步放大并且更加隐形。一方面是大量网站将产品扮装成知识、将知识与产品融为一体，实际上是以宣传知识的名义在宣传自身企业或产品；另一方面是大量公共机构、非政府组织、非营利性机构以及企业提供经费创建主题式网络、数据库、知识库、信息及知识生产与交流平台，为公众或员工提供免费信息与知识。公共支付和企业支付购买信息和知识以供公众、学者、教师、学生或企业职工免费使用的模式越来越成为知识消费的主流，知识消费进入到了知识共享的新时代。

第五，知识消费的内容规模化特征和知识的机构性集中消费成为信息文明时代的新常态。知识生产的规模化特点决定了知识消费的规模化，如爱思唯尔公司所出版的科学、医学、法律等大型数据库是捆绑打包整体销售的。知识的数据库化和大数据的普及，决定了知识数据的规模越来越大，个人越来越无力购买，政府机构购买并为公众提供知识服务的公益行为越来越成为一种知识消费共识。如政府用财政性教育经费购买数据库以供大学师生使用，政府提供科研经费购买国内外数据资料以供科研院所科研人员使用，政府购买大量纸质或电子图书、报纸、期刊、音像制品等提供给各级公共图书馆和农家书屋以供民众使用。由政府集中购买再普惠民众开启民智的知识消费方式在信息文明时代再次焕发生机。

第六，知识的企业型消费需求越来越旺盛。在信息技术推动下，企业知识化和知识型企业越来越成为企业进化的主流方向。我们可以将企业分为技术型企业、品质型企业和知识型企业三大类型。技术型企业以生产技术为核心，以大量生产为特征，是工业文明时期的代表。品质型企业以产品质量为核心，以时间经久和产品实用为特征，是工业文明后期的代表。知识型企业以知识创新为核心，以满足人的情感和社会价值体验为特征，是信息文明早期的代表。传统企业转型已是社会共见，传统企业转向信息化、数字化、智能化已经由认识转向行动，这一转型过程中，知识创新是核心工具。日本学者绀野登在其《知识设计企业》一书中，将知识设计概括为三部分：一是先见力，即先人一步的构思力，是媒介性质的设计能力；二是革新力，即对创新语言的灵活发挥，是综合的设计能力；三是形成力，即在产品中综合各种要素，如自由搭配的部件、软件、服务、系统、品牌等，是形成的设计能力。此番洞见让我们深刻认识到知识在企业转型中的重要性，这一认识成为企业知识需求的动力。同时，借助计算机技术、数字技术、信息技术，企业本身也在持续不断地生产与生成与自己相关的知识，对自身知识的分析、整理、标准化和系统化，形成知识体系并以多种媒体呈现，企业同业分享和消费以推动所在产业的升级和转型，已经成为企业消费知识的新特征。

三

在信息文明时代，知识已没有边界和终点。在此之前，英国哲学家罗素就认为，"人类的全部知识都是不确定的、不准确的和片面性的"。云计算和大数据技术似乎在验证罗素的观点，这两项技术本是为了确认准确的知识和掌握全面的知识，但实际上大数据技术将原始数据和信息变成了关联关系；因果关系的知识认知被打破，关联关系只给出了总体趋势，大数据成为容错容器，在不确定中去认知概率。关联关系的思维模式一旦确立，知识的生产和流动势必随之变化。

知识流动的革命是建立在关联关系之上的，知识的迁徙所呈现的新特征无一不是由关联关系所决定的。第一，知识的生产和消费由纸媒等传统媒体向互联网平台迁徙。人类文化经历了由口语文化向书面文化的发展，经历了书面文化由手写文化向印刷文化的过渡，19世纪中叶以来图像艺术经历了由手绘创作向摄影创作的过渡及并行发展，20世纪风行至今的广播、电视也成为知识音频化和可视化的媒介载体,电影和动画尽管以娱乐为主但兼具传播知识的功能,以上知识生产和消费模式在互联网诞生之后全部发生改变。互联网兼具以上知识媒介的所有功能,互联网成为覆盖所有传统媒介的新媒介,互联网以并吞八荒的气势几乎可以替代知识传播的所有渠道。人们以往所创造的所有知识在数字技术的支持下可以全部转移到互联网上,人们也可以在互联网上即时创造新的知识并在网上传播,而知识的消费者也完全可以在网上完成对图、文、音频、视频的消费。互联网成为人类知识生产和再生产的平台,同时它也成为人类知识的消费场所,这一巨变对人类知识流动和传播的影响深刻而久远。

第二,人类知识大规模地由知识点向知识类聚合。人类最早感知的知识都是点,但在从经验型认知向反思型认知进化的过程中,人类经过抽象、演绎、逻辑推理、数字计量而突变到对概念和公理的认知,并突变到归纳方法论,知识由点突变到类。柏拉图将知识分为可见世界和可知世界两大类(见图1)。

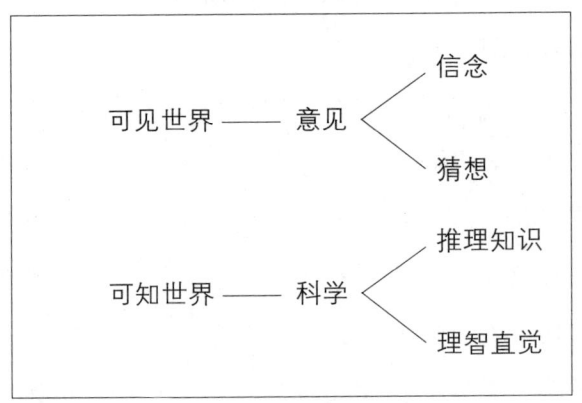

图1 柏拉图的可见世界与可知世界

而亚里士多德则将其时代的全部科学分为三大类：理论科学（思索的科学），即形而上学、数学和物理学；实用科学（同活动相关），即伦理学、经济学和政治学（包括修辞学）；创制科学（同创制一个事物有关），即音乐、诗学、建筑学和一切艺术。东方中国的最早知识分类体系是西周的礼、乐、射、御、书、数，孔子则将书面知识分为诗、书、礼、乐、易、春秋，汉代则将艺文知识分为六艺、诸子、诗赋、兵书、数术、方技六大类，隋代则将经籍知识固化为经、史、子、集、佛、道六个体系。知识由点向类扩展是人类认知进步的体现，这一进程始终随着知识载体材料和复制技术的改变而处于扩张和扩大中。数字技术的发明让数字存储知识的规模和数量达到了前所未有的程度。同时，知识类分在数据库技术的支持下，聚集愈易，规模愈大，传播愈快。

第三，知识因为关联关系而由类知识数据库生成块知识数据库。所谓块数据，是指在一个物理空间或地理空间或行政区划空间内所生产的所有各类数据的总和，块数据由无数小数据或类数据组成并在其间建立了内在逻辑关系，块数据是大数据的必然延伸。块数据的关注前提是一个块状地理空间，它与互联网突破地理空间的差异在于它更集中于收集、整理、分析、关联、应用一个区域内的各类数据和信息，这些信息也包括互联网上与该区域相关的所有文字、图像和音视频。类知识似工具书中的类书，块知识则更像是某个地域的百科全书。块知识就是将分散的、分割的、碎片化的信息与知识聚合起来，创造新价值、新知识并一并反映一个区域的知识全貌，块知识赋予知识以地理属性，但其本身依然是类别式知识。块知识被大数据库化是必然的趋势，大数据可以是一个行业、一个产业或者一个领域的，也可以是一个国家的、一个省级行政区域或者一个城市的，当然它也可以是一个社区、一个街道甚至一个商场的。块知识数据库因地域单元而生成，也会以地域单元而消费，互联网＋区域的商业模式正在验证块数据的应用是行之有效的，是成功的，是具有商业前景的。

　　第四，知识流动与传播的全球化特征越来越突出。全球化随着交通、商业贸易、战争、物种、疾病、宗教和语言文化交流、通婚等因素而不断加深，尤其是15世纪地理大发现之后，人类的全球化进程加速，知识的迁移进入空前的发展阶段。电报、电话和电视均为推动知识全球化做出了巨大贡献，但与全球互联网的连通相比，以往所有的知识全球化全部黯然失色。全球互联网平台、移动互联网平台以及各移动阅读终端构成知识全球化传播和流动的三大主流渠道，在这三大主流渠道上人们通过搜索引擎、电子商务和社交媒体三种形式获得知识并消费知识。信息技术、卫星通信技术、互联网技术的高速发展催生了一批以全球为市场的新媒体或新技术公司，如苹果、Google、微软、Facebook、亚马逊、腾讯等。新技术也强化了传统大众媒体的全球化角色、实力和影响力，如美国的时代华纳、迪士尼/ABC、DIRECTV、康卡斯特，澳洲的新闻集团，德国的贝塔斯曼，法国的Vivendi，加拿大的Seagram-Universal等。这些超级媒体集团不仅大规模生产知识和娱乐产品，同时还以全球传播为己任。在新技术的助力下，大公司和国际型非政府组织不仅推动知识跨国境、跨文化互动与传播，同时还纷纷大力推动知识跨语种传播，如美国国会图书馆和联合国教科文组织发起的世界数字图书馆计划，推出实时语言翻译和智能语言翻译，再如 Google 翻译可提供全球 80 种语言之间的即时翻译。无疑，即时翻译工具对知识的全球化传播和流动起到了难以估量的推动作用。

第五，知识在全球联网的计算机网络里形成超文本，所有信息与知识电子文本之间通过超链接形成了联系，全球的存储与互联网计算机里的知识文档和网页形成一个无法想象的没有尽头、没有边界的知识网。所谓超文本就是用计算机超链接的方法，将全球各地不同空间的文字、图像、符号、音频、视频等信息组织在一起的网状文本。任何一个读者在任何互联网计算机上浏览任何一个文本均可以通过文本中的关键词点击跳转到另一个链接的文本，关键词成为知识之间的通道，关键词可以是文字词语，也可以是符号、图像或音视频片断，关键词成为知识之间的纽带。理论上，通过关键词从一个文档跳转到另一个文档是可以无穷无尽的。网状文本构成的知识网是知识的最新存在形式，它解构了作者的知识中心位置，在知识网中我们已经无法也无暇去关注作者，知识本身只在读者超链接点击时其价值才被发现，读者的权利由此被放大，读者掌握了消费知识的主动权，但读者往往迷失在知识网中而不可自拔或者已经忘记了消费的初衷，知识的意义由此而衰减。然而，无论如何，超文本的知识网赋予知识消费者以非线性思维意义并享受穿梭于知识岛链的无穷乐趣，这是任何一个线性单一知识文本都无法提供的。

知识流动与传播的现代性决定了知识经营者的时代角色。传统出版人作为知识的中介已经充分领略到了新技术的胁迫，但与新技术共成长的新出版人却雀跃欢欣于新技术的日新月异。全球化的装载于大大小小数据库的知识网在互联网上被生产与消费，知识的进化只争朝夕，出版产业只有紧随知识进化步伐才有可能不被知识所抛弃。记清这一点尤为重要，因为互联网的本质是去中介化，在互联网上生产与消费知识的行为正在无声地宣言去中介化，出版商被挤出知识经营队伍的危险时时存在。

正因为如此，作为知识的经营者，我们应当从知识的本质和现代性出发，在解剖知识的生成与价值走向上寻找经营者的位置。知识原型理论告诉我们，在计算机时代，知识由数据和信息生成，知识又上升为意义主题、原理、规律和价值、智慧。这一发现让我们十分欣慰。过去，知识的经营者关注的是对知识本身和知识上升区间的思想、价值、智慧的经营，而忽视或忽略了对数据和信息的经营。然而，数据与信息正在成为无法估量的巨大的社会知识资产，也正在改变人们的生活方式、生存状态和价值追求，同时也正在改变知识的走向和智慧产业的生态文明。因此，知识经营也与知识生产、消费和传播一道，进入信息文明的革命时代。

对于知识经营的革命，我们要把握四个维度：

第一，创建知识生产和知识消费互联网平台，找准平台经营商的角色定位。尽管互联网追求去中介化，但互联网本身恰恰就是中介，互联网平台已是知识的全球媒介。因此，构建与自身能力和技术相匹配的网络平台是知识经营者的最佳选择。传统知识经营者其企业本身是中介平台,经营者们关注最多的是知识生产和销售流程,此种模式属于内向型,对知识的生产者与消费者毫无把控能力,知识的生产者与消费者完全游离于知识产业链之外。在互联网背景下,作者与读者在互联网上共同创造和交流知识,读者与作者成为知识的主角。新型出版人只有将企业升级为互联网平台,从关注内部转向关注作者与读者并为之提供服务,将作者与读者纳入到知识产业链的管理之中,建立以知识消费行为为中心的社交平台,聚集海量知识内容并将其提供给机构或企业、个人或家庭消费,让自身转型为开放的、外向型的互联网平台经营商,也许才是当代知识经营者最正确的道路。

第二,创建不同主题、不同类别、不同类型数据库,组建数据库网络联盟,以知识集中商身份跻身全球市场。由知识点向知识类聚集、由知识类向知识块聚集、由碎片化分散型向意义主题型聚集,所有这些聚集背后的支撑技术无一不是数据库技术,数据库出版成为信息文明时代最显著的出版特征。只有数据库出版才能代表数字出版的成就,才能代表数字出版的出版方向,才能代表知识的存在与传播状态。但对于知识经营者而言,自身所拥有的知识资源毕竟有限,而数据库出版商所追求的恰恰是规模效应,因此,数字出版商应当采取数据库搜索联盟形式,一方面自建数据库,另一方面将社会上或企业所建的数据库进行内容整合,应用搜索引擎技术将各数据库联系起来,从而实现商业搜索价值。数据库以及大数据拥有量是国家之知识实力、科研能力和文化影响力之所在,我们应当将数据库出版上升为国家战略而构建数据网络下的信息与知识集中库，构建数据网，构建块数据，只有如此，我们才有可能抗衡数据治国之下的西方文化强国。

　　第三，创建云计算和数据中心，倾力建设国家级教育云和知识云，知识经营商向云服务运营商转型。"云"的概念最初是指通过公共电话网络为两个用户建立专线联系，"计算"则是指计算机计算能力。1997年诞生的"云计算"则是指"通过网络提供可伸缩的廉价的分布式计算能力"，是基于互联网的相关服务的增加、使用和交付模式，是指通过网络以按需、易扩展的方式获得所需资源。美国亚马逊、戴尔、IBM、谷歌、微软等公司纷纷开发云服务，2010年前后云计算形成一个从应用软件、操作系统到硬件设施的完整产业链。2011年美国出台《联邦政府云战略》，实施"云优先"计划，Data.gov网成为为企业和个人服务的云服务平台。云计算将数据存储和数据分析变成了商业性的网络服务，全球的政府机构、企业和个人应用与消费信息技术的模式由此而改写。亚马逊已经在云计算商业服务上取得巨大进展。知识经营商必须学习亚马逊的商业模式，选准教育领域和企业知识领域，一方面聚集海量数字内容，一方面聚集顶尖信息技术研发人才，建立专业领域的云计算和数据服务中心，转型成为云服务经营商是知识经营边界扩张到数据库信息服务的必由之路。

　　第四，创建不同类型的数字图书馆，知识经营者的本质是成为优秀优质的内容提供商。根据维基百科的定义，数字图书馆是一个组织，它能够有效地、全面性地收集，长时间地处理及保存大量的数字内容，并且有适当的能力进行有方向的汇整，提供给用户共同研究的内容 。数字图书馆是没有围墙的、虚拟的知识圣殿，在互联网背景下，在搜索引擎的光辉下，它依然是知识权威的象征，它在数据的征集、信息的组织、信息的传播与利用、信息与知识的咨询、文档数据的保存与维护、多元化信息资源的管理等方面创造了全新的知识挖掘、检索和管理系统。数字图书馆作为经过严格筛选的信息与知识管理系统，它是国家、民族和个人智慧的象征、知识的象征和智能的象征。数字图书馆不仅应当是一个国家聚集和消费知识的战略，也应当是一个团体、一个企业、一个家庭、一个人的聚集和消费知识的战略。知识是互联网时代的旗帜，数字知识像水一样成为人之生存之所需，作为知识的经营者，我们必须针对个人型、家庭型、教育型、研究型、企业型和公共型数字图书馆提供优质的、可信赖的权威知识，只有这样，我们才有可能完成数字和互联网时代的身份蜕变，才有可能不负使命，重新成为知识的媒介，成为知识的数字代言人。

第三章 出版的新业态与新角色

"业态"一词源于日文"業態",最早出现于20世纪60年代,最初指零售店铺的营业形态,后来拓展至零售经营形态。2004年中国颁布《商业零售业态》国家标准时依据"目标客户"+"营销要素组合状态"而将零售业态划分为有店铺零售和无店铺零售业态两大类,又细分为便利店、超市、仓储式会员店、专卖店、购物中心、邮购、网上商店等17小类。这个标准涉及目标客户、经营场所、经营方式、商品结构、服务功能等因素。之后,"业态"一词又被房地产业、旅游业所借用。旅游行业具有较多的零售性质,借用"业态"一词进行产业创新自然很好理解。旅游与文化是天然的盟友,文化旅游成为旅游业态的一种新形式。也许正是受此启发,文化产业开始尝试使用"业态创新"这一概念。出版产业作为文化产业的一个组成部分,出版业态创新迅速成为一个时尚的概念,在数字出版概念和实践的助力下,新兴出版业态已经不再是一个概念,而已经成长为我们出版家庭的一员,或者,一个伴当。

无论何种商业业态,它最终要解决的是以最恰当的方式将商品销售给最需求它的客户。毫无疑问,具有商业属性的出版业,也同样受此规律支配。尤其是在销售环节，书店卖场本身就是销售店铺的一个成员，它的业态形式完全适合于《商业零售业态》标准中的分类。有店铺零售业态是物理书店，无店铺零售业态则是网上书店。网上书店正是出版业中的新业态，而它，正在颠覆书籍的传播方式。

业态创新的内涵蕴含着革命性和颠覆性。连锁店的兴起对传统商店而言意味着一次商业革命的冲击。网上书店的创建与有效运营对物理书店同样具有颠覆性，它的跨越时空——24小时下单、突破地理限制——以及送货上门的商业模式是任何一家物理属性的独立书店所不能抗衡的。从美国的亚马逊到中国的卓越网、当当网等网上书店的迭兴，历史事实已经证明大量物理书店的倒闭与网上书店的成功有着密切关系。从此角度去观察出版业，出版业态的商业创新始自网上书店。换句话说，具有商业价值的新兴出版业态首先来自书籍的销售方式的革命。

网络购物的确改变了读者获取知识的途径和方式，但就出版业而言，每一次出版的真正革命都源发于内容载体材料和复制技术的变革。简帛替代甲骨金石，纸张替代简帛，书写替代铸刻，印刷替代书写，等等，对于书籍而言，每一步均具有革命性。信息技术的发明在改写内容载体材料的同时也创造了新的复制技术，以各式屏幕呈现的数字书籍彻底改变了书籍的面貌，而内容副本复制的成本接近于零。互联网的出现则刷新了数字书籍的传播方式，相较于网上书店购买纸质书籍，以复制下载为特征的数字书籍销售模式无疑更具有颠覆性。以上一系列技术革命共同构成了数字出版的基础，而数字出版无疑也成为孕育出版新业态的温床。

与纸质书籍出版相对立，数字书籍的组织制作和销售与传播是出版新业态；与物理书店销售书籍相对立，网上书店销售书籍是出版新业态；与纸质书籍销售相对立，数字书籍付费下载和各种阅读终端销售以及不同方式的付费阅读也是出版新业态。这些出版业态的创新者，包括内容提供商，如励德·爱思唯尔出版集团；终端技术制造商，如美国苹果技术公司；网络销售经营商，如美国亚马逊公司；等等。

中国步美欧之后尘，也涌现了一批数字出版业态的创新企业，如内容提供商中国知网、万方数据、超星数字图书馆，电信运营商中国移动、中国电信数字阅读基地，内容平台运营商盛大文学，网络销售经营商中国亚马逊、当当网，搜索技术提供商百度；数字加工提供商青苹果，按需印刷提供商虎彩，等等。以上种种新业态的技术基础无一不是建立在信息技术和互联网技术之上的。由信息技术而衍生出的适应不同客户需求的各门类数字化企业，因为互联网的联结纽带而不再是一座座商业孤岛或信息孤岛，而是逐步演化为一个互相关联、互相支撑、互相依存的数字产业，这个新兴的数字出版产业与我们所熟知的纸质出版产业有着迥异的面貌和商业特征，而这些新特点正是数字出版的新业态所催生的。

首先，出版产业结构正由线性结构向网状互联网结构转变。传统纸质出版产业结构由线性的编辑出版、印刷复制、发行物流递次构成，但数字出版产业结构却是以内容生产、技术平台、内容采集、数字复制、数字传播等环节相互关联为特征的，以互联网为中心，呈网状价值结构。

一是原本各自独立经营的出版社、印刷厂、书店，因为同类内容数据库化的海量聚集和投送需要，同类出版社之间和生产同类内容的出版社之间开始关联起来，聚合同类内容以打包销售成为数字出版时代最有效的经营方式之一。以图书为主体的数据库和数字图书馆均是以整合原有各出版社的内容资源为基础的。

二是原本独立的印刷企业，因为数字印刷生产线和数字传输技术的出现和普及，分散于全国各省市的数字印刷生产线将朝着全国联网的方向发展，一家接单，各地多家同时按需复制，减省物流，共同获利，节约成本，提高效率。

三是原本割据一方的物理书店，因为网上书店和库存信息管理系统的建立，线上线下共同经营成为必然趋势。理想状态下的信息联网和经营连锁，使线上接单、异地配送成为可能。同时，各地的物理书店也完全有可能成为网上书店的物流配送中心和中转机构，全国书店联网是大势所趋，也是书店零售系统共同抵御外部竞争的最有力工具。

四是原本以内容提供商为起始的线性产业链，因为互联网的出现，出版产业各环节尤其是新兴数字出版各环节的企业和机构，不仅独立与互联网连接，而且企业和机构之间也相互连接，以互联网平台为中心而形成网状互联产业结构。

如互联网平台既是内容提供商（出版社）聚集内容的平台——创建专业网络吸引作者，例如盛大文学，又是出版物的交易平台——创建网上书店销售纸质书和电子书；既是获取按需数字印刷信息的平台，又是数字内容付费或免费下载的交易传播平台；既是数字内容资源存储和呈现的中继平台，又是数字内容的呈现和阅读平台。在这里，数字出版各环节不仅与互联网平台关联，同时它们之间也互相链接或者多重链接。如新型内容提供商盛大文学，依托于互联网，聚集网络作家或写手的作品，供PC端读者网上阅读；又将这些作品整理成适合移动阅读基地要求的文档标准，供智能手机端读者阅读，读者可以免费浏览部分内容，也可以付费下载；同时，盛大文学还与传统出版社联合推出纸质印刷出版物，还可制作成电子书一并放到网上书店销售。盛大文学在数字出版产业结构中的位置图，已经向我们说明了网状出版产业结构的关联性、复杂性和创新性，这一新的产业结构，仍然处于深度演化的进程中。

其次，出版商业模式正由生产销售单一盈利模式向盈利共同体多元盈利模式转变。传统的出版以生产并销售图书为主要利润来源，而随着数字时代的来临，内容文本呈多元化，网状出版产业结构呈多元化，版权及商业组合呈多元化，相应的出版商业模式也呈多元化。

一是同一内容文本因为数字化可以生成不同的数字产品以不同的方式销售，其盈利点随之增多，盈利几率随之扩大。如同一内容主题的文本既可以印刷纸本形式销售，又可制作成电子书、手持阅读终端和PC机终端阅读格式，甚至以数据库形式多次售卖，这一建立在相同内容之上的多次销售模式已经越来越被传统出版商所看重并越来越多地付诸行动。

二是同一内容的出版延伸，衍生出更多的商业组合，纸质时代的版权范围扩大到数字出版授权，更多领域和更大规模的"版权+商业"组合得以更加充分地实现。最令出版人引以为豪的是英国J.K.罗琳"哈利·波特"系列的成功，在传统版权销售方面，7部完整的"哈利·波特"系列图书被以60多种文字翻译出版，纸本销量数亿册，8部电影票房多达几十亿美元；在数字出版销售方面，范围涉及DVD、CD光盘、电子书、网上读物、专门网站以及游戏等；其更具启示意义的基于书籍文本的商业组合是令人眼花缭乱的周边产品，如玩具、文具、魔术用品、手表、首饰、眼镜、服饰服装以及各种数码产品，甚至还有哈利·波特主题公园，等等。这种"书籍内容+N"的商业模式即便在国内也不断涌现出成功的案例，内容版权正逐步成为出版产业的经济基础和商业基石。

三是网状出版产业结构的形成，强化了产业结构中各节点企业之间的互相支持、互相支撑、互相倚重的作用，各企业的商业价值不断互相体现，各环节和企业互相增值的共赢模式渐次成型，数字出版环境下的出版利益共同体将成为主流商业模式。如按需印刷生产线为出版企业节省了库存成本，拓宽了出版领域，降低了单品短板生产价格，提高了市场反应能力；同时出版企业通过调整产品结构，可单套规模性地为按需印刷生产线提供货源，可多品种批量地支持按需印刷，可在不同季节提供不同的加工需求以弥补淡季货源的不足。二者相互增值的良性循环逐步形成，利益的拥抱将越来越紧。再如，按需印刷可为书店销售绝版书提供机会，同时书店又成为数字印刷企业的宣传窗口和服务对象。在出版集团越来越成为出版经营主流的时下，在集团内部形成各环节及各分公司利益共同体以提高整体商业价值，这种商业模式的增值效果随着数字出版的愈发壮大亦会愈发突出。

最后，出版产业的主导者正由技术提供商向内容经营商转变。每一次文字载体材料的变革和复制技术的进步无一不在改变着书籍和出版的容颜。尤其是复制技术的提升，往往引发出版业的整体格局变迁。出版的权力结构不断地在复制技术提供商和内容经营商之间转换调整。不幸的是我们正身处技术提供商的主导时代，而所幸的是内容经营商正在崛起。如果我们站在出版历史的角度去观察时下的业界主导，也许其结论将更为接近历史实际。

以西方出版史为例，第一个阶段是印刷商主导行业的时期。德国古登堡于15世纪中叶发明印刷机之初，将印刷机、铸字、排版技术和油墨制作技术等发明均视为保密范畴，这种垄断印刷技术的行为在相当长的时间里的确树立了印刷商的行业主导地位。直到17世纪初，印刷商还集出版、印刷、销售功能于一身，其是印刷设备、油墨纸张材料和厂房库房的投资者，雇用印刷排版工人生产出版其所购买的书稿，然后再去销售。但随着印刷技艺的普及和传播，印刷商破产的几率也在提高，印刷内容选择的失败往往导致大量库存。这时，一部分人转向以承担内容选择风险和销售新书为主营业务，大多数印刷商更乐意成为书商付费的承印者，规避市场风险的动力促成了印刷商与书商的分离。迟至17世纪中叶，在英国伦敦，书商已经成为书业商会中的统治者。

第二个阶段是书商兼出版商主导行业的时期。17世纪初叶以来，书商的地位开始上升。书商的首要任务是销售书籍，他们往往拥有零售店铺，但他们也重印旧书和出版新书，尤其是新书版权的购买和专有出版权的获取，英国出版特许权制度的推行提高了书商在出版产业链中的地位。17—18世纪近两百年间是书商兼出版商的黄金时期。

第三个阶段是出版商成为产业核心的时期。出版行业依赖资本，并对专业化需求越来越高。1774年，英国国会确认1710年《安妮女王法》中，首次出版后的出版权最多拥有14年，这一对版权拥有时间的限定迫使一部分书商越来越多地去购买新书版权而不是过度依赖旧书重印，以上因素导致一部分书商转向以出版新书为主，甚至卖掉零售业务而成为更加专业化的出版商。19世纪初，英国出版商完成了与书商、印刷商的分离，并在出版产业链中逐步占据主导地位。他们专攻图书的编辑出版业务，他们出资承担市场风险，联系作者、印刷商、书商以及完成图书的编、印、发整个出版过程，这一以出版商为中心的行业运营模式一直持续到今天。但因为信息技术和数字技术的兴起，自20世纪末以来，信息技术提供商开始挑战出版商的行业主导地位。一批技术商利用技术优势不断创造新的内容聚集与加工、传播和复制平台，以全面侵入纸质出版商、印刷商和书商的领地。由技术提供商所主导的数字出版、数字印刷和数字传播已经改写了21世纪初的出版产业格局。纸质出版商正在退缩，数字出版商正在崛起。与印刷机发明之初的情形相比较，也许目前的技术提供商并不缺少风险投资资本，他们所欠缺的依然是更加专业化的内容甄选和对全生产链的风险控制。尽管不乏由技术提供商所先导和主导的数字出版成功案例，如中国知网、万方数据、维普以及亚马逊、中国移动、苹果等，但他们不约而同地或是向数字出版商角色转移，或是再退缩为技术提供商而将内容的掌控权交由更专业的内容提供商。因此，我们正处在由技术提供商向数字出版商转变的时代，同时我们也正处在由数字出版商向内容经营商的转移时期，而技术提供商将再次退居出版产业支撑体系中的一根重要支柱，围绕内容经营依然是出版产业的本质所在。

第四章　数字出版内容的新边界

内容是出版的灵魂所在、生命所在、活力所在。出版内容包括信息、知识和思想，它们承担着记录、存储、传承人类信息、知识和思想的功能，承担着传播知识的功能，也承担着教育和娱乐的功能。内容因为文字符号载体材料的变化而不断拓展疆界。人类历史上，文字内容的边界几经变迁，如今，我们正处在以比特为单元、以电子芯片为载体、以各式屏幕为呈现方式的时代，电子试图替代纸，出版内容的新边界正在被重新界说。

第一，传统纸质出版领域因传播技术和按需数字印刷技术而得以拓展。数字化扫描技术的不断进步，理论上可将存储至今的所有纸质文献扫描、数字化存档，加工成各种数字标准格式，也可以再次归类编纂而重新以纸质形式印刷出版。美国的谷歌公司已经启动其雄心勃勃的图书馆扫描计划，计划将全球各种语言文字书写的图书全部数字化以供人类共享。迄今，这一计划仍在进行中。这一计划当然也可以延伸到书籍之外，如报纸、期刊、档案等文献领域。事实上谷歌的扫描计划中已经包括了报刊文献。

传统纸质出版还受制于文本规模和印刷数量。传统纸质印刷的工业思维模式是单品副本印刷数量越多，单品印刷价格越低，由此追求畅销书，追求单品种印刷副本数量成为纸质出版的产业逻辑基础，而那些印刷数量较少尤其是那些文本页码规模过大而单品印刷量又很少的出版项目，往往因为印刷工价过于昂贵而被迫放弃。数字印刷机的发明彻底颠覆了传统印刷的商业思维，它是以个性化、小批量印刷为追求的，它甚至可以无视文本的大小规模，文本可以是单页也可以是数万页甚至百万页。

这一数字化的按需印刷技术的发展，首先解放的是出版商的思维和观念，扫描技术可以将印刷文本大规模化，而数字印刷则可以将巨量规模的文本甚至单套印刷出版，这两项技术给数字时代的出版商提供了前所未有的出版机遇。出版商据此可将选题设计和出版规划的视野拓展至海量的文书、档案卷宗、家族谱、碑铭拓片、图片、口头文献记录，甚至过期报纸与期刊等领域。按需印刷使按需出版成长为一种新的出版商业模式。按需出版将改变目前的出版生态环境，它将降低传统出版中的非理性，减少纸质出版中的盲目与冲动，扩展出版的内容范畴和范围，提高出版行为的积极性，这一模式已渐次活跃。

第二，书籍的内涵与外延因数字技术的进步而得以拓展。数字技术改变了内容的载体材料、记录方式、存储形式和呈现方式。数字技术不仅将文字数字格式化，它还轻易地将图像、音频、视频也一并数字格式化。数字技术的能力已经达到了可以重新组合新的内容要素的高度，音频和视频可以在数字技术的控制下制作成各类数字娱乐节目以供电视、电脑、手机等播放。同样，数字技术也可以将文字、图像、音频、视频组合到一起，如果这种组合是按照书籍的内在逻辑进行的,那么,我们也可以将这一新出版物称为数字书籍或电子书籍。

我们相信摆脱了纸的数字书籍的内涵一定是文字、图像、音频、视频四者的完美结合。构成书籍内容的要素增加了音频和视频,无疑,这两个新成员融入进了书籍的概念和血液中,书籍的内容基因由此而改变。数字书籍之所以具有强有力的扩张力和表现力,也主要得益于音、视频的加盟。音、视频进入书籍内部,让书籍融合了不同媒体的优势,书籍有可能朝着媒体化的方向进化。也许,我们无法阻挡数字书籍的媒体化,这是由数字书籍的内容基因所决定的。也许,精准的广告内容也将随之而进入数字书籍这个新媒介中。我们甚至可以预见,数字书籍不仅可以阅读,同时它还可以观赏,甚至可以倾听。数字书籍的内容边界无疑扩大了无数倍,数字书籍的外延正在朝着信息帝国的方向挺进。

书籍是出版商的大宗产品。随着数字书籍内涵与外延的扩张,出版商的疆界也在膨胀。以前纸质书籍不能表现的内容现在得以表现。口头文化遗产如史诗《格萨尔王》,数字书籍可以将史诗传唱人的声音和动作以及乐曲与文字完整地记录和呈现。此外,非物质文化遗产如手工造纸技艺,数字书籍可以将传承人的每一个工序的动作标准、声音说明和关键要点生动形象地留存,这对文化存真和言传身教的教学无疑具有重大意义。

因为数字书籍的出现,出版商的内容边界可以大大拓展推进到物质文化遗产、非物质文化遗产和记忆文化遗产的广阔领域,这一前景无疑值得期待。

第三，出版内容的呈现形式因数字技术和互联网普及而得以拓展。泛化的信息概念已成为人类知识和思想的载体。在信息文明时代，纸质出版内容已经退步为信息库房中的一个角落里很小很小的知识码堆。海量的数据库里，有经过编辑精心制作的数字书籍（电子书），除了经过筛选的阅读基地数据库里的各类内容，还有更大量的未经过筛选的博客、网站即时上传的专文等，它们都成为纸质书之外的知识和思想表达。毫无疑问，信息已经改变了物理书的概念，不仅仅是内容的外在呈现形式，更重要的是它对内容的概念进行了重新界定。

对于信息论和信息技术对纸质书和电子书的改变我们已经讨论过了，下面我们重点关注大众出版领域。大众出版是人类知识传播的重要途径之一，也是人类娱乐内心、启迪智慧的重要途径之一。数字时代的数字化大众出版与教育、专业出版一样，它的阅读界面是不同形式的屏幕，主要是手持阅读器、桌面电脑、平板电脑、笔记本电脑、智能手机等屏幕。屏幕之后的内容聚集模式主要有终端开发商取得授权装载模式、终端开发商开放上传模式、固定互联网平台上传和专业开发模式、移动互联网平台上传和专业开发模式。屏幕形式的不同也使内容选择有所不同和偏差。这些偏差表面上是内容服从于形式，但其实质并非如此。也许更准确的表述应为形式是根据内容的差异与演化而开发的。内容聚集形式的变迁与屏幕开发具有关联性。这种关联性共同拓展了网络出版的内容边界。手持阅读器是对纸质书的最忠实的模仿，如汉王电纸书、Kindle。正因为是纸书的仿真版，所以其内容聚集无外乎是大量的出版内容和部分新书授权的组合，对内容边界的扩大建树不大。平板电脑开创了知识商场的模式，这是一个移动终端，也是一个内容存储、投送和阅读平台，开发商并不生产内容，而是让内容提供商提供内容并授权平板电脑运营商使用，读者阅读或者下载后产生流量或付费，平台运营商再与内容提供商分成。

在这一模式的框架里，知识成为移动的商品，知识创造的主动权掌握在内容提供商手中。其可能是知识原创作者，也可能只是中间商。无论是什么角色，在一个开放的知识组织体系内，知识的边界不再受到限制，它可以是数字化的纸质内容，也可以是融文、图、音频、视频为一体的电子书，甚至可以是动漫和游戏。

互联网的兴起为知识的大众传播提供了无可比拟的新平台。无论是互联网还是移动互联网，作为一个交互平台它成为网络出版的界面和工具。网络出版具有即时性、互动性和非完整性的特点。网络出版尤其适用于传统意义上的大众出版内容。在固网桌面电脑占主导地位时，博客内容曾经创造了大众阅读和传播的辉煌，我们可以将之视为个人文集式的即时展示，当然更多的是个人呻吟之语的日记体汇编。微博兴起之后，博客随之被人淡忘，但其中有价值的内容也已经成为网络出版的一份遗产，它也是数字出版内容边界的一次成功扩张。

桌面电脑阅读最为成功的案例是盛大文学。盛大文学将最易激发人们创作热情的专业文学网站并购为一个统一的阅读品牌，吸引以千万计的网络写手及时上传其创作文字，每日上传字数以亿计，其阅读盛况也令人叹为观止，它的付费阅读、打赏和版权授权商业模式是专业网站网络出版中最为成功的。盛大文学将原创文学内容边界拓展到了前无古人的地步。由此可见，专业网站是拓展内容边界的功臣。专业网站的蓬勃带动了网络出版的繁忙，但网络出版并没有或几乎没有找到类似盛大文学的成功商业模式。因此，网络出版似乎仅仅作为划定内容边界扩张的概念而存在。

移动互联网让人们找到了某种阅读纸本书的即时体验。它的阅读终端以智能手机为主体。智能手机屏幕较小，为方便阅读，这一屏幕正在朝着扩大的趋势发展。基于移动互联网的阅读终端无论如何扩大屏幕都不可能超越桌面电脑屏幕。微博、微信、二维码背后的内容制作顺应了智能终端的屏幕改进。相应地，智能终端屏也在不断根据内容的变迁而不断调整改进以适应客户的需求。智能终端下的内容同样具有即时性、互动性和非完整性，我们依然可以视这些内容为出版内容边界的一次扩张。它们是信息、知识和思想的混合体，经过编辑加工就有可能成为出版物。

国内最成功的基于移动互联网的内容聚合案例是电信运营商的数字阅读基地。中国移动、中国电信的数字阅读基地提供技术标准格式，由出版商和类似盛大文学网站的内容提供商提供内容，阅读基地再投送分发，采取分成模式共享利润。阅读基地的内容因为经过甄选尤其是传统出版商的部分参与，其品质有所提高，但这部分内容大多仅以数字形式而存在，其整体品质仍堪忧。目前，诞生了一批专为运营商阅读基地提供内容的中间商，对传统纸质出版商而言这是一个启示，出版内容的边界扩张无论对何种中间商来说都是一次机遇。

第五章　数字教育出版商的得与失

教育出版的内容边界随着互联网的兴起也在扩张之中。任何一种新媒介的出现都是对旧媒介的一次冲击，而旧媒介所承载的内容也会随之而更新或转移到新媒介之上，并且，新内容也随之伴生。新媒介互联网对无线电广播、电视提出了挑战，也对书籍、报纸、期刊提出了挑战，甚至也对课堂教学——最古老的面对面的口头传播——提出了挑战。旧媒体全部承担过教育内容，广播大学、电视大学、函授大学曾经红火一时，教学录像带、录音磁带、VCD、DVD、CD光盘等也曾经占据学校课堂、家庭和学生书包，教辅类报纸和各类教学期刊迄今仍在挣扎着生存，纸质教材至今仍是各年龄段学生不可或缺的精读精学的精准读物。然而，互联网普及之后，这一切都发生了改变。旧媒介上的所有内容都可以转移到越来越强大的互联网上。互联网甚至幻想人人互联，假如果真如此，那么面对面的口头传播也将俯首于网络。

在全媒体时代，教育内容的创新与虚构类作品的创作相比，后者更适合于互联网媒介，而教育更强调口头传统的精准知识讲授和交流，以及思维启发和思想创新。基础教育、高等教育的教与学不仅受时间制约而且还为空间所困，这与以摆脱空间和时间限制为追求的互联网尤其是移动互联网的精神相冲突。因此，互联网在与传统教育的较量中并不十分成功。但我们并不是说互联网的作为不大，大与成功是两码事。

在与传统媒介的竞争中，互联网的替代优势已很显著。对于音像业一系列的产品群，我们均可以在互联网终端屏幕上观摩和倾听到；各级各类教育电视台的节目完全可以转移到互联网上；式微中的空中课堂用智能手机也可以收听；网络报纸和杂志正方兴未艾，教育类报刊内容很容易网络化、数字化；高校教材的数字化内容在网上已随处可见；基础教育的数字教材在美国、韩国等数字技术发达国家正陆续进入中小学课堂，尽管在其他国家数字化进展还比较缓慢。

然而，在数字技术时代，我们关注的重点并不在于新兴媒体的替代角色，而是应持续关注教育以及教育出版是如何被数字技术不断改变的。尽管教育出版的数字化进程相对滞后，但数字化对于教育的影响将是深远的。从当前的教育情况观察，数字化强化了不同教育阶段的固有特点，突出体现在学前教育游戏化、基础教育精准化、职业教育标准化、高等教育创造化。数字技术为幼儿和幼儿老师、家长创造了大量的前所未有的动漫故事、动画片和游戏视频，其内容之丰富和数量之多是纸媒时代所不可想象的。这些数字化内容具有强烈的形象想象力和多彩表现力，具有无可比拟的互动性，让幼儿参与到故事之中、参与到游戏及动漫之中、参与到行动和声音的再创造之中。无疑，这种新的内容形式将激发幼儿学习兴趣和启迪幼儿心智，起到引领未来的作用。

与全面提高幼儿视觉、听觉、触觉、味觉、嗅觉能力的幼儿园教育不同，基础教育以传授精准知识为主要目的，以德、智、体、美、劳全面发展为主要诉求，在知识的掌握方面，数字技术理论上可以帮助教师和学生建立覆盖教学大纲和教材的所有知识点、考点、难点、易错点的知识信息数据库，可以提供几乎所有的解题思路，可以让学生掌握绝大多数的标准答案。将基础教育中的知识全部数据库化是数字技术提供商的不懈追求，尽管这一追求几乎不可能企及，但它对教师和学生掌握尽可能多的精确知识无疑是一个很有效的工具和很便捷的途径。同时，从技术层面上讲，也只有运用数字技术，我们才有可能将基础教育中的知识全部装载到一个数据库中。

职业教育以专业知识技能教育为主，偏重动手能力操作，以程序化和标准化为最显著特征。严格说来，职业教育属于实践教育的范畴。以纸为知识载体的职业教材，具有天然的不可避免的局限性。文字表述动作不够直观，在描述工序流程方面也苍白无力。绘图或图片稍胜文字，但其将动作分段截断式的静态画面，依然很难描摹全貌和完整叙述流程。数字技术整合文字、图片、音频、视频为一体，能够弥补纸质书籍的不足，完整呈现技能动作全貌和全流程，拓展出版内容的表现力，是职业教材最为有效的技术呈现工具。换句话说，职业教育教学内容最适合数字化，而数字技术最有利于拓展职业教育的内容边界。数字化的承载传统意义上的"言传"与"身教"，设计并构建完整的各职业专业流程教学数字化解决方案，并将其运用到职教课堂——这是数字教育出版领域最有前景的内容边界扩张。

高等教育以激发、开发、养育专门人才的创造性思维为旨归，以创造性地开展科学研究——在科学领域中探索和应用包括对已有知识的整理、统计以及对数据的搜集、编辑和分析研究——为主要途径，其目的是培养创造性的服务社会的专门理论人才和科研人才。创造性是高等教育的最高追求。无论是基础、应用、开发性研究，还是探索性、描述性、解释性研究，也无论是教学型和教学研究型高等院校，信息技术和数字技术均已成为研究和教学的技术基础，甚至信息化和数字化也已成为一种思维方式内化于高等教育的教学研究体系当中。

与高等教育的信息化同步，高教出版社的数字化也紧步跟进。高等教育数字出版的形式主要集中于数字教科书课程辅助配套网络、数字课程素材或参考资料、定制教科书和辅导材料、以教育为导向的专题数据库、在线高教课程远程教育、开放课程等。教科书的数字化和教师个性化的定制教科书对教材内容边界的扩大贡献很小，其内容往往是纸质教材的部分扩充或者更适合于教学内容的增减，但将视频引入教科书内则是纸质内容的丰富。高教教材出版商创办围绕课程和教材服务的专门网络已经成为普遍现象，在网络上提供教学参考内容、教学辅助内容，提供相关研究素材或文献，提供音视频内容，这些网站上所提供的助学素材无疑是高教教材内容的一次扩张。与教学为目的的专题数据库与以研究为目的的大型综合型数据库一并成为出版商的内容新领地和新的经济增长点。与大型综合型数据库不同，针对教学的数据库将其内容集中于课程配套，或集中于某专业，如历史或文学。这种将某一专业或某一课程内容集中的专题数据库更具针对性，其目标客户也更集中，这一出版模式正日益受到大学的青睐。

与教科书出版商免费提供网站内容服务不同，高教数字出版目前还提供在线课程内容以供高校选用，这些在线课程内容主要是出版商开发的在线数据库，数据库内容也同样与课程学习有关，内容更丰富且适合动态的在线学习，这是一种出版商与高校合作的B2B模式。这种在线课程正朝着远程教育、在线培训的方向发展，它为成人教育、继续教育提供了新的媒介平台和教学平台，这种类似电视大学的互联网大学性质的网络课程内容正越来越被出版商所重视。企业职工的岗位培训、以就业和职业为导向的证书课程远程学习、以职业提升为导向的专业课程，这些在线课程内容对出版商扩大其内容出版边界无疑具有很强的吸引力，这也将是未来的高等教育数字出版的重要领域之一。

与此相类似，高教数字出版中最具影响力和成长性的是在线开放课程，这种被称为开放大学的课程中文名为慕课（MOOC）。这种无校园的高端在线课程开发模式被誉为"印刷术发明以来教育最大的革新"，它打破了学习时间和空间的限制，甚至也打破了受众年龄和阶层的限制，它让大学真正成为全球性和国际性的教育传播机构。它可以无视国别和种族，也可以无视专业和学科院系。它的大规模的基于网络的开放课程授课和测验方式完全不同于传统大学教学模式。美国的Coursera、EDX、Udacity是最有影响力的提供慕课平台的供应商，MOOC学院是最大的中文慕课学习社区，慕课网是最具影响力的中文慕课提供商之一。慕课的崛起，意味着数字教育的出版将进入到一个新的内容国度，对于它的内容边界、价值边界和经济利益边界，我们目前尚不能准确预测。

数字技术渗透到了教育以及教育出版的各个环节。概括而论，有六个方面值得高度关注。一是教学内容的生产方式转向数字化生产。手工撰写纸质教材、教参、教案、教辅等教学内容的方式正被数字化输入所取代。内容创造由作者个体和团队协同两种基本方式组成。教师独立完成教学内容创造的模式是数字内容生产的基本形态，但随着数字技术的复杂化，个体创造越来越倾向于合作，内容的掌控者与技术人员合作共同创造数字化内容产品越来越成为高效的生产方式。由个体生产转向团队生产体现了内容生产的一种趋势，这也许更适合出版商或平台运营商的规模性生产需求，但个体生产以满足个性需求的内容生产方式始终是最基本的内容生成方式，二者不是替代关系而是互补关系。

二是内容的聚集方式转向基于网络的开放式平台。以"平等、自由、开放"为精神追求的互联网不仅仅是一种可以互动的新型媒介和社交媒体，它还是各门类信息和知识的汇集平台，它的聚集功能让互联网成为内容组织的一个工具。内容组织形式正由熟人社会组织模式大规模迁移至陌生人网上上传模式，这两种模式当然会并存，但上传模式日益兴盛，各种令人眼花缭乱的专门网络无一不是某类专业信息和知识的上传汇集平台，如中国教育出版网就是一家汇集基础教育各科教学和学习内容的专业网站。创建、运营、经营专业网络平台的能力正日益成为出版商的核心竞争力,正日益成为衡量一家出版企业成功与否的标准之一,正日益成为内容提供商是否具有汇集海量内容能力的一条检验标准。对内容汇集平台的竞争已开创出出版商们的新战场。

三是教育内容的存储和呈现方式趋向数据库化。大规模的知识存储越来越依赖数据库,各门类、各种介质的知识均可以转化成数字格式而进入数据库中,数据库已成为一个个门类知识的全集或者全集式知识追求,它也成为一种媒介甚至一种媒体,成为一种出版方式。教育内容的海量汇集是教育出版边界扩大的标志之一,而扩大内容之整理与存储正是依赖数据库这个工具而完成的。海量题库、课件、教案、视频课堂等内容如果没有数据库的存储、检索与推送,教育内容的有效汇集和存放使用便无法实现。教育内容聚集平台的后台管理一定是数据库化的,企业组织内部是数据库内容管理,对外部而言,数据库也是一个销售平台。教育内容数据库化是实现教育内容边界扩大的有效工具之一。

四是教学方式呈现即时化、互动化、视频化。电信网络、数字电视网络和计算机互联网络相互渗透、相互兼容、资源共享,三网逐步整合为一个统一的信息通信网络,为用户提供语音、数据和图像、视频服务的新技术服务模式,将从多个角度挑战数千年来的言传身教式的面对面教授知识模式,尤其是教授平台的移动化对校园教室的讲台开始形成威胁。数字技术已经发展到随时可将手机内的教学内容或课堂视频推送到越来越大的家庭电视屏幕上,以手机为中介的学校课堂视频与家庭客厅电视建立了新的教与学联系模式。教师的讲台开始移动和晃动起来，并且这种视频化的学习方法完全可以是即时发生的，按需学习将成为新的学习理念和学习方式。进一步的发展必然是按需教学，在基础教育阶段因材施教，实现互动式、点课式的按需讲授将因各种屏幕的加入而变得不再是教育梦想。

五是教育内容的传播方式朝向网络化、共享化、远程化方向发展。除了语言的边界外，理论上讲，全球的互联网是没有边界的。无论何种教育内容资源，只要你愿意上传到互联网上，无论何地何人，只要能上网，理论上都能观看到这些教学内容。建立在数字技术上的网络化远程传播教学内容已不再是理论，而是已经成为教育信息化的基础。全球共享高品质的优秀教学内容，无疑拓宽了教育出版的空间版图。慕课的传播内容正从大学课程拓展到中学课程，甚至还将拓展到各个教学领域。共享网络课程无疑也可以理解为一种数字教育出版形式，它不仅跨越了校园围墙的阻隔，是解决教育公平的最佳方案之一，而且这种打破时间和空间限制的教育传播形式势必改变人类沿袭数千年来的教学模式。

六是学生的学习方式具有向线上自主化学习和交互式学习移动的趋势。这种趋势主要体现于中等、职业和高等教育阶段。在线问答的一对一或一对多的课外辅导模式，预约授课的在线课堂辅导模式，在线搜索与查询教育资源数据库的人机互动模式，在线组建学习和兴趣小组的微平台人人互动模式……这些基于互联网的新的学习方式，无疑强化了学生自主学习和交互学习的能力。创建并运营鼓励学生自主和交互学习的学习平台已经成为数字出版商们的主战场,然而,迄今,我们还没有看到取得胜利的巨人。

虽然近年来风险投资资金对数字教育出版领域趋之若鹜,但与资本市场的热络相比,真正成功的数字教育出版商却寥若晨星。之所以如此,我认为最根本的原因在于出版商们的市场定位,尤其是在基础教育领域,大家不约而同地将内容和平台服务的对象投射于教师、家长和学生,并聚焦于学生,这种热衷于人头经济并臆造学生学习需求的定位无疑等同于水中捞月。

初中、高中学生严酷的升学目标,迫使教师和家长不断侵占和蚕食学生的自主时间,同时监控或取消学生的在线活动,如此的学习环境必然造成在线学习大多沦为空谈。于是,出版商将目光移向课堂教学,美其名曰智慧教室或智慧课堂,大多设想为教师连线电子白板或教学一体机,学生每人一个手持终端,以教学一体机和手持终端两个屏幕互动的方式进行数字化测评、纠错和教学,但如此的课堂教学方式因为过多聚焦于屏幕反而让课堂失去了教学中心和重心,其效果自然也差强人意,推广起来困难重重。出版商自然也将目光转向家长,家长具有监督学生学习的主观动机,但出版商更看重的是家长的经济支配权。出版商的企图是家长因无力辅导学生学习而不得不利用在线出版教育资源,然而,现实却是家长更信任面对面的老师。我所观察的基础教育数字出版商的模式大抵如此,不尽如人意的经济效益也大抵相同。

基于此,我更多地认为投身于基础教育领域的数字出版商,应将出版资源的重点转向为教师提供精准化、标准化、权威化的知识和考点题库,提供创新型的教参、教案、教辅和课件,提供可全国共享共创的优秀翻转课堂视频和微课堂视频。总之，应将重点从学生转向教师，从学生课下学习转向效率更高、效果更好的课堂学习，而课堂学习应将重点转向教师而非学生手中的屏幕，并从关注家长转向关注教师和学校，借助学校和教师的数字化能力提升，达到对数字教育出版工具的有效利用。

第六章　全球数据库出版图谱

由数字技术催生的数据库以及数据库出版，改写了人类的知识结构、知识图谱和知识体系，改写了人类的认知关系与逻辑关系，也改写了人类的出版历史和现实图景。学术出版获得了新生，专业出版焕发着前所未有的生机，出版的边界快速滑向每个学科的专业领地。借助数据库，出版实现了全学科有效出版。

数据库是按照数据结构来组织、存储和管理数据的仓库。而数据结构则是将元数据信息按照一定的逻辑关系组织起来而建立的结构模型，由此区分为层次式数据库、网络式数据库和关系式数据库三种类型。无论以何种形式建立的数据库，它们都对元数据信息进行重新标引、标识和分类，对元数据信息进行集中控制和统一管理。元数据信息往往是海量的，甚至是超乎想象的海量，以此而形成不同级别的数据库或大数据库。元数据信息可以是文字、图像，也可以是音频、视频，所有的知识信息全部可以用数据库去描述、存储、整合、搜索、分析。理论上讲，人类有史以来的所有知识信息和文字典籍全部可以实现数据库化。换句话说，数据库完全能够承担记录、存储、传承、传播人类知识的出版功能，数据库由此而成为新的出版形式。数据库出版不仅拓展了出版的外延，同时也赋予了出版这一行为以新的内涵。

　　数据库出版是数字出版转型中最成功、商业模式最清晰、目标客户最明确的一次转型。出版商聚集海量专业知识和学术成果，并将其销售给研究型图书馆或机构以供专业人员使用。在欧美，这一出版模式已经使数据库出版成为图书出版的利润中心。目前，数据库出版商主要有五类企业或团体组织：

　　一是由传统纸质出版商转型而来，最典型的是励德·爱思唯尔集团公司，转型成功的还有汤姆森学习出版集团、施普林格出版集团、麦格劳·希尔公司、威利父子公司、牛津大学出版社等。这些传统出版商大多依然从事纸质出版，但数据库出版所占市场份额和利润总额越来越大，不过，励德·爱思唯尔除外，它已几乎不再从事纸质出版。

　　二是政府机构或大学或志愿者所创建的免费数据库，尽管数据库具有公益性质，但这些组织或机构实际上扮演了出版商的角色。如美国教育部教育资源信息中心创建了 ERJC 数据库，收录了 980 多种教育及和教育相关的期刊文献的题录和文摘、部分全文教育文献数据库；美国国立医学图书馆下属生物信息技术中心创建了免费的 Medline 数据库（文稿类医学文献）；瑞典隆德大学图书馆创建的开放存取 DOAJ 数据库，所收期刊超过 1 500 种。免费数据库经营者还包括志愿者们联合创建的合作型数据库，如 Repec 是由分散于全球 51 个国家的 100 多名志愿者无偿建立的，主要搜集与经济学相关的预印本论文。免费数据库的创建是国家对学术生态的一种保护性措施，是大学、学者对数据库出版商高额收费的一种学术反应和抗争。

三是各种学科性学会、协会摇身而成专业数据库提供商。如英国机电工程师学会（1871年成立）创办的INSPEC数据库，是以物理、电子与电机工程、计算机与控制工程、信息技术、生产和制造工程为主要专业方向的理工学科数据库；美国数学学会（1888年创办）依托全球600多个学术机构会员和3万名个人会员创建了数学专业数据库American Mathmatics；美国化学学会（1876年成立）是世界上最大的科技协会之一，个人会员超过16万人，学会整合全球顶尖学术资源，创建了ACS美国化学学会全文数据库，可检索自1879年学会化学期刊创刊以来的所有论文。

四是新创办的专门以数据库出版为主营业务的出版商。如中国的清华同方，以中国知网CNKI中国期刊全文数据库为主要出版方向，其产品进入中国的各个大学；北京万方数据股份有限公司与中国科学技术信息研究所合作，以万方数据库为主要产品，该数据库已成为广受市场欢迎的大型综合性数据库；美国斯坦福大学图书馆1995年创立Highwire Press数据库，目前已是全球最大的提供免费全文的学术文献出版商；英国的Ingenta公司1998年创建学术信息平台Ingenta网站，先后兼并多家信息公司及其数据库，目前此网站已成为全球学术信息服务领域的一个重要的文献检索系统。这些新创办的数据库出版公司更具活力和学术资源整合能力。

五是数据库集成商的商业模式已日益受到客户的重视。如美国的EBSCO公司即是一家具有60多年历史的大型学术信息专业服务公司，共开发100多个在线文献数据库，内容涉及自然科学、社会科学、人文科学、艺术等学术领域；美国的Proauest information and learning公司也是一家数据库集成商，其所创建的综合性学术期刊数据Academic research library颇具影响力；中国搜库（SoCoo.com）科技公司是国内首家商业数据库整合服务商，创建专业数据库联盟，覆盖100多个行业和领域。数据库集成商往往也是专业搜索引擎技术提供商。数据库提供商的生成图景也基本上决定了数据库内容的生成格局，每一个数据库的构建，其背后肯定依托着一家强有力的机构或团体，这是数据库出版与其他出版形式显著不同之所在。

数据库出版已经覆盖所有的学科领域。目前中国大学所购买和使用的中文数据库和外文数据库（包括光盘数据库、视频数据库、全文数据库、文摘数据库、在线数据库）已覆盖大学所有学科，如哲学、经济学、法学、教育学、文学、历史学、理学、工学、农学、军事学、管理学、生物科学、医学等。如果依照数据库类型还可以分为图书、期刊、报纸、检索平台、搜索引擎、多媒体、数据、商业信息、索引、名录、参考工具、百科全书、专利、技术标准、技术报告、政府出版物、会议论文、预印本、法律法规、学位论文等不同类别。我之所以罗列了以上学科和类型名称，仅仅是想说明一点：数据库出版远远超过我们的想象，如果从内容的丰富度和数量而言，数据库出版已远远超过纸质出版。从内容资源挖掘的深度和所涉及的学科领域的广度而言，数据库出版已经成为专业学术出版的主流。

如果以数据库内容资源文献类型去扫描，电子期刊与会议记录是最大宗，其次是电子图书和参考工具，其下依次是文摘索引与评论、多媒体资源、报纸、学位论文、专利和标准。学术期刊数量巨大，尽管类型分散，但学科性、专业性十分强，以学科研究为主体的各类学会和协会对其具有很强的依赖性，历来为各大学和专业机构所重视，因此，各大图书馆往往都会收藏专业性较强的学术期刊。

巨大专业需求的驱动力和集中度高的收藏基础，让期刊的数据库化走在了图书、报纸等媒体的前面。同时，学术出版中心由图书转向学术期刊，以论文为学术成果衡量标准的学术评价体系，为期刊数据库化提供了广泛的社会基础。论文生产的外部检索需求，同行之间交流的频繁以及必须了解学科学术前沿和以往学术成果的需求，推动了期刊数据库出版的发展和枝繁叶茂。

图书数据库位居期刊数据库之后的现实，说明图书在专业学者心目中的地位依然十分牢固，专著依然是衡量一个学者学术水平的重要标准之一。一方面图书是学术研究的坚实基础，尤其是社会科学和人文科学的研究，书籍往往是材料、观点和思想之源；另一方面书籍也是最方便数字化的纸质媒介，并且也容易实现纸质出版和数字出版的同步。参考工具、文摘索引、数据检索是与数据库共同成长起来的研究工具，随着研究成果的海量集中和即时集中，全文数据库及索引式数据库日益走向数据库出版的中心。检索工具和数据内容呈正比例关系，随着论文数据库和图书数据库的扩容，研究工具也必定获得相应的发展，这是学术研究的必然需求。

　　与数据搜索型数据库需求增多相类似,多媒体资源数据库正在剧增。音频、视频数字化技术的进步为音、视频数据库的建立提供了先决条件,这一技术也直接影响到高校教学和研究生态,也直接推动了多媒体教学和在线教学,而教学和研究的数字化需求又为多媒体数据库出版提供了市场动力。因此,多媒体数据库和在线教学平台将日益成长为数据库出版的主力之一。

　　作为一种聚集海量专业内容并可以进行便捷检索的出版形式,数据库出版已渗透到每个专业学科。各专业学科均相应地建立了若干数据库,这些不同语种的数据库已经成为不同专业的研究基础。作为全球使用最为广泛的语言,英语数据库已走进不同国家、不同语种的大学和科研机构的图书馆中,数据库出版的全球化、国际化倾向日益明显。数据库出版涉及人文学科、社会学科、理工学科、经济学科及法律学科等。之所以将经济与法律单列,是因为这两个学科的数据库出版量尤为显著,其数量堪与人文、理工学科的总量颉颃。这两个学科的国际化倾向尤为明显,这是经济活动和国际活动激增的一种出版反应。法律具有标准化趋向和特质,因此各个法系均试图通过全文数据库的建立以方便律师及研究者使用。

　　理工类数据库化的程度最高。医学、化学、生物、计算机、数学、物理、机械、工程等学科均已形成全球性的十分专业的学科数据库。理工类数据库往往以学科全球性学会或协会为依托,汇集全球顶尖作者资源和论文、专著资源,自其创建数据库之始,权威性和前沿性就是这些数据库的学术追求。总体而言，理工类数据库的利用率较高，这与理工学科内容的高度集中化有密切关系，也与科学家们追求目标学术前沿性密不可分。理工类数据库已经成为理工学科的研究和学术基础。

社会学、人文学科类数据库具有追溯性、工具性特点。相对于理工学科数据库的即时性和前沿性，社会学科和人文学科更强调数据库内容的历史性、文献性和综合性以及工具化。这两类数据库除少数专业性强的学科主题数据库外，多是综合性的，它们往往是多种学科汇集在一起的一个共同学术内容平台，例如中文社科引文索引、中国人民大学复印报刊资料、皮书数据库等。由社科、人文数据库的综合性特点所引导，该类数据库的平台化、工具化的特点也比较明显，如综合型人物传记数据库、百科全书、联合书目、索引、数字图书馆、年鉴、工具书、电子报纸等形式的数据库构成社科及人文类数据库的出版主体。社科、人文数据库还具有明显的文献性特点，如电子书籍及期刊、过刊图片、档案性文献、史料及古籍、会议文献等数据库多是以其重要的文献价值、史料价值而创建的。如此概论，并不是否定人文社科类数据库的即时性，以期刊论文为主体的数据库与理工类数据库同样追求学术成果的即时性和前沿性。不过，相对而言，人文社科类数据库具有滞后事实的偏向，这一偏向也是毋庸置疑的。

数据库技术应用与人类的各门类知识整理，将各个细分的专业知识门类的数字记录存储方式置放在一个空间里，可供不同的人们以不同方式同时检索并获取自己所需要的知识，这种出版形式改写了出版概念的边界。建立在数据库技术上的基因组学、蛋白组学以及天体物理学，已经证明数据库技术可以改写学科面貌并创造新的学科。同理，数据库技术应用于出版，也创造了新的出版门类，开辟了新的出版领地。数据库出版不是传统的百科全书、类书、丛书的巨量扩容，而是建立在层次模型、网状模型、关系模型逻辑基础之上的采集、记录、存取、管理数据系统，这些数据扩张到了数字、字母、文字、图形、图像、影像、音频、视频等媒介领域。

数据库出版不仅仅限于文本内容，它的出版内容领地还延伸到了图像和音、视频领域。数据库出版至少在三个维度上拓展了出版的边界：一是拓展了以数字、字母、文字等文本数据为基础的出版领域，这些文本无论是书籍、报纸、期刊论文、统计数据，还是引文索引、联合目录等，绝大多数在纸质出版领域是无法再出版的，甚至还有相当数量的文本是无法进入出版领域的，而数据库出版则将这些过往文本重新进行编辑定义，以一种新的出版形式进行了传播呈现。二是多媒体数据库的出版拓宽了出版的内容形式。视频数据库、数字音乐数据库、图片数据库或者三种数据库的综合型数据库，为出版商、内容提供商开辟了新的出版资源。三是建立在即时采集数据信息基础上的大数据库，为内容、信息提供商提供了充分的服务想象空间。文本数据库和多媒体数据库均是由专家生成的数据库，但目前另外两种内容生成形式——用户生成数据库和设备采集生成内容数据库——更引起国家及机构的关注，用户行为数据库已经成为现实，如用户消费、用户地理位置、用户社交媒体、用户金融信息、用户创造的网文和微博及微信内容、用户评论及交流内容等，均已经成为大数据库内容数据挖掘的一部分，由数据挖掘而形成的商业模式已经成熟并得到了商业应用。大数据之于出版商的诱引，尽管目前并不成功，但大数据无论多大，它都属于内容信息中间商的范畴，它都属于内容出版的范畴。毫无疑问，大数据将出版的边界拓展到了新的方向和境地。

数据库出版的商业环境是建立在 B2L2R（从出版社到图书馆到读者）的商业模式之上的。随着大数据的兴起，数据挖掘、定量分析人类行为和用户行为、搜索分析文化发展趋势和商业发展趋势成为可能，数据库出版也许将转移到政府用户、机构用户和公司用户身上。这一商业模式的转移，一定会引起信息内容、内容传播形式、用户阅读使用行为等一系列迁移，这些因数字技术而引起的内容迁移，将成为未来出版文化的重要组成部分。

第七章　从图像积累看图像出版的扩张过程

在印刷媒体的部落里，图像出版是个大家族。"图像"一词，很容易让我们联想到心神荡漾的摄影照片，它让人不由自主地想起娱乐——视觉的盛宴。在图片印刷和数字媒体时代，这一愉快的联想的确是大众的共识。尤其是数字技术的进步，加速了照片生产工具——智能手机、数码相机以及手持电脑终端的全民化，全民生产图像的盛况，是正在摧毁图像艺术，还是正在重构图像的版图？这是一个数字媒体时代不得不回答的问题。

让我们审视一下图像印刷之前的图像历史，这一回眸将有助于解释技术如何影响了图像生产与传播，图像又是如何连接政治、宗教与艺术的。作为一种媒介，图像在不同的时代，肩负着不同的功能，但其历史发展的主线却是始终朝着大众的方向扩散的。换句话说，图像积累的过程也就是图像出版的扩张过程。

最初的图像可追溯到旧石器时代的岩画。在欧洲西南的法国、西班牙，亚洲的印度、中国，非洲的南部等地，大约在一万年前，不约而同地出现了原始岩画，刻画、涂绘于山洞或者山崖，其形象多是野生动物和人类狩猎或舞蹈活动。这些人类初始的绘画，无疑具有娱乐、记录、纪念、记忆、庆祝、传承、缅怀、传播的文化基因,而这些基因无疑也全部遗传到了后世的艺术图像中。率真而任性的原始壁画,将具象变为抽象,将瞬间变为凝固的画面,将活动的场景上升为审美的图像,将个性的或者整体的人的欲望和愿望、信仰和追求化为旺盛的生命形象。直到今天,无论绘画如何过渡到摄影照片,照片又如何过渡到影像、视频,究其本真,图像并未变异为他物,它依然是人与自然、人与神、人与人之间的中介。数字图像技术的变革,使每个人都可以拥有图像的创作权,每个人都是图像的审美者,但同时又是图像的生产者。今天我们似乎可以从这种即时创作的图像技术中,想象先人利用原初媒体创作图像展现生命力量的魅力。

然而,图像的生产并不总是欢快的。死亡横亘在每个人的家门口。人是时间的过客,死亡是人活着的唯一结局。而面对死亡,人们无助而恐慌,死之永恒让人幻想生之永恒,于是依附于原始巫术和宗教的借以表达永生欲望的图像粉墨登场。神被人创造出来,而创造神的人成为中介。中介是肉身,神可以没有形象,但肉身却是具象的。一旦中介追求永生且必然追求天堂与来世,那么成为宗教领袖的中介便无法回避肉体具象的记忆与纪念。每一种宗教的早期都是无图像的,神是言语的产物,神不需要看而只需要听。但大多数宗教没能抵抗住人们——尤其是人神中介或者王或者皇帝的图像追求,图像或者雕塑的原型来自神、中介以及皇帝,图像成为肉身之化身,化身在坚固的或者持久的载体材料上,在其帮助下意欲永恒。图像的存在化为人的存在。图像的生产从原始绘画过渡到了宗教性绘画，纪念神以及神性的人成为这一时期的图像主题。

宗教性图像时代，图像的创作者主要是民间工匠，或者称为手工艺人。他们受命于宗教团体，在石头、木头、砖、青铜等材料上创作图像，借以通灵或者引导死者升入天堂。因为宗教的信仰不同，各地所创造的图像也因之不同。东西方的图像分野自此而始见。基督教堂的彩绘玻璃窗、敦煌石窟炫丽的壁画意味着神的不同。尽管受难的基督与佛陀的解脱不同，但无名工匠们所创造的图像的使命是相同的，借图像以凝聚宗教精神，以凝聚社会共识，以凝聚思想认同。图像较之文字，本身的直接感染力和视觉冲击力，持续不断地激发着人们的信仰热情，冲动与图像总是紧密相连的。

印刷技术的发明本是宗教狂热的产物，但令虔诚的佛教信徒和基督徒始料未及的是印刷技术加速了宗教的衰落。中国唐代佛教徒为增加佛经和佛像的制作数量，推动了雕版印刷的发明和发展。德国美因茨的古登堡（约1400—1468）为了印刷《圣经》而发明了活字印刷机。尽管我们不能将印刷术的发明完全归因于宗教，但宗教的狂热性推动了印刷术的发展却是毋庸置疑的。印刷术在两方面刺激了木版画和铜版画的发展，并激起人文学者掀起文艺复兴运动的热情，带来了人的觉醒，图像的创作逐渐摆脱神的桎梏，艺术家笔下的艺术图像时代来临。而在中国，木质雕版图像不仅服务于佛教、道教，也刺激了世俗版画和绣像艺术的发展。同时，文人绘画崛起并引领艺术风骚。与此相对应，自宋以下，佛道之狂热逐渐让位于对心性理学之探讨，佛家的世俗图像上升为审美的主流。

艺术图像时代的创作主体是画家。在西方，艺术图像时代始于15世纪，画家先后由教廷供养转向由王族、王室和学院提供创作经费。18世纪中期至19世纪商人开始主导画家、画商、画廊，由此展开历史题材、肖像、风景、动物、静物等画作类型的创作。在中国，画家多是文人兼职的，由科举制所催生的文人阶层不仅创作诗词歌赋，而且也创作了大量的绘画图像。同时，参与出版的大量版画创作依然由工匠们承担。个体画家摆脱神之后，图像的载体转向布、绢和纸等材料，图像开始署上个人的名字并成为资产或者商品，图像的唯一性、独特性、原创性、一对一的创作与收藏及鉴赏模式共同拱起了图像的艺术价值。

图像艺术在印刷机的帮助下不断扩大版图。在天文学、医学、植物学、地图学、地理学等描述性学科中，因为版画技术的进步，插图日益成为这些学科前进的重要推力。有一些学科，只有在插图或者众多图像的支撑下，才能焕发学科的解释性。因此，图像艺术在18、19世纪借助书籍这种传播形式，不仅助力了一些学科的进展，同时还催生了诸如考古学之类的学科诞生。

19世纪初一系列的技术革命，将"唯美是瞻"的艺术图像推进到机械工业图像时代。首先是图像制版的革命性变革，1789年德国人逊纳菲尔德（Alois Swnfelder，1771—1834）发明石印印刷技术，至19世纪初，石印术大量用于书籍封面、地图、圣像、绘画、儿童画、插图等图像印刷。其次是德国人弗里德利克·康尼格于1814年发明蒸汽滚筒印刷机，1827年威廉·考帕又创制四滚筒蒸汽印刷机，后者较前者将每小时印1 100张纸提高到4 000张纸，是古登堡手压印刷机每小时印240张纸的16倍。人类自1814年始进入印刷工业时代。但真正带来图像革命的是摄影技术的发明。1822年，法国人约瑟夫·尼博斯（Joseph Niepce，1765—1833）采用感光材料涂层，通过曝光引起化学变化，从而把影像捕捉在暗箱中的一个平面上。1826年尼博斯第一次摄影成功，拍摄出人类第一幅照片。法国人路易斯–雅克–芒代·达盖尔（Louis-Jacques-Mande Daguerre，1799—1851)改进早期摄影技术，于1837年发明银版照相法，拍摄了世界上第一张银版照片。1839年银版照相法在法兰西科学院公布于世，人类的图像历史从此进入机械图像时代。同年，英国人威廉·塔尔伯特（William Talbot，1800—1877）发明珂罗版照相法。摄影技术与印刷机的紧密结合始于1850年，费尔曼·旧洛(1820—1872)发明锌板模型印刷法，版画印刷自此进入大批量生产的工业时代。19世纪60年代德国人阿尔贝特发明珂罗版印刷技术。1882年，格奥尔格·梅津巴赫（1841—1912)发明照相网状锌板凸版印刷技术，照相纸版复制呈现新的繁忙景象。1879年，卡列尔·克利奇(1841—1926)发明双色照相网版技术，开辟了照相凹版印刷的新时代。至此，照相平版、照相凸版、照相凹版、珂罗版印刷技术全部进入印刷车间，照片大规模复制于图书、报纸、期刊成为现实，并成为大众阅读必不可少的一部分内容，甚或阅读习惯。尤其是1888年，美国人G·伊斯门(1854—1932)发明胶卷照相机，袖珍相机投入生产，不仅摄影成为工业生产的一部分，个人照相机的发明还让业余摄影成功地跻身于时尚之列。摄影照片成为人们追逐的新媒介，图像自此进入大众视野，并且越发成长为与文字媒体相抗衡的新媒体——画报、摄影新闻报刊、纪实摄影报道，等等。工业图像的革命彻底颠覆了追求唯美的艺术家们的画笔，摄影所创作的图像大踏步地朝向淡化技艺的道路前行，图像最后的神圣余晖因为大众化而被大众彻底抛弃到了脑后。

工业图像时代的图像作者一小部分被称为摄影艺术家，一部分被称为摄影师，但更多的则被称为照相者。随着照相机的便捷性不断提高，照相已不再是技艺而演变为孩子们的游戏，摄影师仅仅是照相馆的职员而不是摄影家，他们所拍摄的照片绝大多数无法让人视为艺术作品或思想作品，摄影艺术家中尚追求艺术价值和思想意义的，在工业图像时代里也寥若晨星。摄影家除个别是自由职业者外，大多数隶属于某家报刊社或者大公司或者图片社，他们的作品是商品，是被交易的作品，是被用于出版的图像作品。但更多的个人照相是以个人收藏为目的的，个人相册和家庭相册是个人照相机拍摄下的产物，这些照片是没有出版价值的，只有等到这些照片成为历史影像的一部分，它们才拥有出版价值或者被收入历史影像数据库而被出版。直到今天，工业影像还没有为出版商们所特别青睐，这座出版资源宝藏或者躺在全球大大小小的图片公司的仓库里，或者被各种各样的机构放置在无人问津的档案室里，更多的则散乱于五花八门的家庭橱柜里、书架上、箱子底。

工业图像是一种覆盖式的媒介。首先，工业图像覆盖了绘画，更准确地说它替代了某些画种。在西方，1850年左右，肖像画家逐渐让位于摄影师。1900年左右，明信片挤占了风景画家的市场。画家必须避开所画客体的准确才能在差异中寻找艺术价值。同时，照相可将有史以来所有的绘画作品拍摄成摄影作品以转换成艺术画册，工业图像成为媒介中的媒介。其次，工业图像覆盖了立体的艺术，如雕塑、建筑。透过镜头，博物馆中大量的雕塑作品被拍摄为照片而被印刷为各种平面书籍，在读者眼中雕塑是以图片形式存在而被阅读的。1839年盖达尔拍摄了第一张巴黎街头建筑风景照片，至今我们还可以通过这张照片来缅怀古老的巴黎建筑，建筑因照相技术而存在。最后，工业图像覆盖了众多其他历史遗存艺术，甚至包括照片本身。历史上的木版画、铜版画、地图、书籍、书法作品等，无一不可以用摄影形式照相制版而出版为照片作品。文字可以以位图形式被记录、存储和传播，照片也可以被翻拍而被重新编辑与加工，重新进入出版领域。工业图像横扫其他艺术形式，将人文的、历史的文化遗存转换成图像语言而成为一种新的文本、新的出版形式、新的媒介，从而丰富了出版的形式，扩展了出版的版图。

我们依然处于工业图像时代，但我们也已经进入数字图像时代。工业图像时代的照片媒介功能依然挺立于各媒体之间。电影是照片连续的快速的动态播放，与摄影照片具有血缘关系。电影在吸引大众目光和追求画面图像艺术震撼力两个方面企图超越摄影照片，但事实证明，电影真正超越摄影照片的表现在其叙事性和故事性方面，照片在片段记忆力、画面感染力、艺术冲击力以及个体自由度等方面并没有输掉这场争夺观众的媒体之战。照片与电影长期并存并且互相支援。真正对照片、电影构成威胁的是电视图像或者称其为视频媒体。电视图像与摄影照片、电影拍摄并无血缘关系，它是靠光电子电磁拍摄、传输、接收和播放影像的无线、有线系统，录像集中的图像不再是物质的而是光符号，必须通过录像头读取才能形成信息形象。但人们在沉迷于电视节目的炫目画面时代，并没有放弃对照片的喜爱，个人相册和照片收藏与电视影像并不冲突，照片继续发挥着它的纪实或叙事功能。照相机的新闻性与录像机的新闻性并驾于大众媒体时代，印刷媒体的出版活动由此也变得生动起来。

　　数字图像时代的来临，同样是由一系列的技术革命推动的。1948年克劳德·香浓（Claude Elwood Shannon）创立信息论，由此引发了一连串的建立在二进制基础上的信息技术、计算机技术、数字技术、基因编码理论、量子信息等领域的科学革命，波及媒体与出版领域，照相制版、计算机排版、激光照排、互联网、个人电脑等一系列技术发明和普及应用已经引起行业震动和产业激动。具体到图像生产，数码相机取代胶卷相机、普通手机的照相功能已经媲美个人普通相机，智能手机随之又替代普通手机甚至一般数码相机，而平板电脑之类的手持终端也多具备照相功能，拍摄、存储、处理和分享摄影图片已成为举手之劳。数字图像仅仅在数十年间便已成为图像的生产与传播主流。

　　数码摄影、数字图像深刻地改变了出版生态和受众的生活。

首先，图像的消费者也同时演变为图像的创造者，任何一个拥有手机尤其是智能手机的人，无论其学历、性别、语言、文化、民族、宗教、地域等背景如何，他或她随时随地可将自己喜欢的一切拍摄成照片上传给互联网或特定终端，这些照片瞬间可传播到全球各地，图像的创造者演化成了个体媒体；而同时，他或她也时时刻刻接受着、阅读着、欣赏着他人或者不同媒体的数字图像。数字图像的生成和传播系统让人实现了平等，专业和业余的分野正在趋于模糊。其次，因为移动互联网、移动通信、智能手机的普及，数字图像的传播正呈即时化和互动化。数字图像的载体已不再是胶卷、相纸，也不需要冲洗成像。对于它们的生产与传输，只需手指的活动便可完成胶卷相机时代的一系列耗时的复杂行动。同时，远距离的阅读与交流、欣赏与批评也同样变得易如反掌，及时的互动已成为人们生活的一部分，甚至正成为挥之不去的惯性。最后，数字图像因生成的环境变化而呈非主题化。工业图像时期集中于重大事件、重要人群或者重要区域的自觉拍摄行为逐渐让位于随机性、冲动性、无意义性、无目的性拍摄。图像的主题不再集中，非集中化的意义散漫于随手拍摄的图片个体中，连贯性意义被中断，娱乐功能超越了图像的纪念性和新闻性，更超越了以往的图像档案的文献性追求，数字图像只在等值体验性上还与工业图像保持着同步，图像带给人们如同身临其境的心灵感受并不因照片的生成技术而改变，这是尤其值得数字图像时代的人们珍视的。

尤其值得出版人关注的是图像对出版边界的扩大。自从文字符号系统被人类发明之后，图像的创造与文字记载系统始终是并肩而行的，无论是图文并茂，还是以图注文或以文释图，图文在不同的技术条件和文化偏好、媒体偏向下，在不同的时代扮演着不同的角色。在图像演化的四个时期里，图像与文字分别承担着不同的意义，原始图像时期文字尚未发生，文字发明之后文字所承载的意义超越了图像。而今天，数字图像因其全民参与的广泛性，图像生产的数量将超越文字的生成数量，也许图像的意义和信息含量也将超过文字系统，也许图像与文字的疆界必然在数字时代被重新划分。对此，我们出版人一定不能坐视，我们不仅要做好迎接图像边界扩大的编辑参与准备；同时，我们还要行动起来，为海量的数字图像资源库生成新的主题意义。图像资源只有进入出版的视野才能够真正提升自己的价值。

第八章　动画出版与漫画出版

动漫出版是一个迄今尚不能完全准确定义的出版门类。如果将动漫视为漫画与动画的联姻，那么漫画无论如何追求夸张与幽默、讽刺与滑稽，也始终不能摆脱绘画的图像身份。同理，动画无论如何依赖变形与夸张、手工或电脑绘制的成千上万幅图像，它也必须依靠摄影机而使绘画动起来，这种将造型艺术和影视艺术结合起来并最终通过影视媒介把内容传递给观众的艺术形式，应当之无愧地列入影视艺术范畴。将动画与漫画合称为动漫，应是中国所创，大约起源于20世纪80年代。这种将绘画艺术和视觉艺术结合起来的企图，一方面反映了二者本来的亲密关系，另一方面则是顺应了计算机绘图技术的进步，二者的结合更加顺理成章，甚至已是必然趋势。"动漫"一词的创造，暗示了新技术已是拉动艺术边界，也是扩张出版边界的一股力量，这一技术和出版及艺术的互动图景，在动漫出版的历程中尤为绚丽和突出。

尽管我们探讨的主体是出版的边界，是从平面媒介出发的各种媒介形式，并不包括广播媒介和电影、电视媒介，但面对动漫这一兼具平面影像出版与美术电影出版两栖特点的出版形式，我的观察也相应地调整为以分析漫画出版为主而兼顾动画出版，并对动漫产业的形成以及动漫出版版图的未来扩张作一态势分析。

漫画是动画的先导。即便是在动画蔚为大观的时代，漫画依然具有独立发展的艺术个性。但在漫画的起源或早期孕育时期，作为一个画种，无论是西方还是东方，它都具有众多不确定性。只有当印刷术的地位确立之后，漫画才有可能从绘画中独立。就绘画图像而言，漫画与印刷技术的关系最为亲密，从某种程度上讲，印刷技术直接催生并推动了漫画的发展。我们甚至可以直接将漫画的历史时期划分为先印刷术时期、木版雕刻和铜版雕刻时期、照相制版时期和计算机制版时期。

现代漫画源于欧洲，它的雏形出现于18世纪，但直到照相制版技术普及之后的19世纪后期，现代漫画才得以成形并成熟。漫画史专家喜欢追溯漫画的原始形态，他们将原始人类的岩画、文明时代早期的埃及和印度壁画、中世纪时期教堂中的雕刻画（石刻、木刻）、绘于羊皮纸上的世俗漫画等具有夸张风格的绘画和雕像都视为手绘或雕刻的漫画萌芽形态。15世纪中叶德国古登堡发明铅活字印刷术后，书籍插图时代来临，早期较多为木版画，其后则进入铜版画时代，世俗的讽刺、滑稽漫画越来越多地进入书籍插图中。15世纪末，"漫画"的名称和画面形式在欧洲出现并确立，达·芬奇的素描稿往往被视为近代漫画形式确立的标志。

铜版雕刻技术的发明对推动现代漫画的形成起到了巨大的催生作用。18世纪初是欧洲现代漫画的孕育期，发表于报纸上的单幅漫画全都是用铜版雕刻的，单页印刷的铜版雕刻漫画陆续流行于欧洲各国，内容以政治、讽刺为主。1745年，英国油画家、版画家威廉·贺拉斯（1697—1764）发表了自己创作的一组油画《文明结婚》，这通常被视为现代欧洲漫画的形成标志，而他所创作的具备以连续画面讲故事特点的《浪子回头》和《荡女历程》则被视为连续漫画的起点。贺拉斯的新漫画被人们创造性地称为"卡通"（Cartoons）。18世纪末，英国画家詹姆斯·吉尔雷（1757—1815）最早使用文字气泡图以表示人物所说话语，并改变一直流行的单幅漫画创作形式为连续多帧漫画形式，此后连环漫画逐渐成形。

19世纪70年代照相制版技术开始被运用于漫画出版，漫画出版进入照相制版复制时代，这一巨变是现代漫画的真正开端。1874年，苏格兰出版商詹姆斯·亨德森运用照相制版技术印刷出版的漫画周刊《滑稽的人们》被漫画史家们认为是第一本真正意义上的连环漫画。新的印刷技术大大降低了漫画出版成本，漫画杂志价格从1便士降为半便士，价格低廉的漫画期刊如雨后春笋般涌现，半便士漫画风行，成为19世纪末英国人生活的一部分。随着印刷技术的进步，1896年英国诞生了世界第一本彩色漫画杂志。1904年，阿尔弗莱德·哈姆斯沃斯出版定期彩色漫画杂志《帕克》，彩色漫画随之兴起。漫画出版从单帧载于报纸过渡到1820年编纂成书（英国漫画家罗兰逊创作的《辛塔克斯大夫一生的旅行》）而以单行本发行，过渡到1830年世界上第一本漫画杂志《漫画》诞生于法国及1841年漫画杂志《笨拙》于英国创刊，再发展到彩色杂志的发行，这一过程的节点无一不是由印刷技术推动的。无疑，印刷技术成为名副其实的漫画出版的拓荒者。

随着工业重心由英国转向美国，也随着印刷业的技术创新转向美国，整个20世纪漫画的出版中心也由欧洲转向美国。其间，日本漫画崛起，并超越了欧洲。1894年美国工业生产总值超越英国居世界首位，漫画出版中心始于法国尔后转向英国的格局也因美国的崛起而改变。工业文明时代的漫画出版总体呈现以下特点：一是漫画的呈现方式多样化并存。由刺激报纸的发行而刊载于报纸的漫画或周末刊，独立为五花八门的漫画杂志；最初的单页印刷品，逐步朝着书籍单行本方向发展；单帧漫画向四格或多格连环漫画转变，中长篇连环漫画渐趋主流；单色印刷转向彩色印刷，但黑白与彩色漫画长期并存。二是漫画内容由成人转向儿童，并行之中追求主题的多样化与类型化。印刷技术的革新使漫画的制作越来越精良，也越来越激发起儿童的阅读欲望，儿童漫画在20世纪20年代崛起，并形成巨大市场。同时，漫画主题呈类型化，科幻连环漫画、侦探漫画、历险漫画、超级英雄漫画、罗曼蒂克漫画、犯罪和恐怖类漫画、拟人动物漫画、战争题材漫画、儿童童话漫画等类型纷纷登场，引发一波又一波成人与儿童阅读热潮。三是连环漫画的主角角色明星化，角色品牌领袖的影响力越来越成为成功的法宝。英国的老虎蒂姆，比利时的丁丁，德国的"父与子"，瑞典的阿达姆松（安得生），美国的黄孩子、捣蛋鬼、人猿泰山、超人、蝙蝠侠、菲力克斯猫、史努比、蜘蛛侠，中国的三毛、老夫子，日本的阿童木等形象均已成长为家喻户晓的世界级漫画明星。四是漫画创作和出版呈专业化。巨大的市场和读者的热情造就了一大批职业化的画家和创作家投身于漫画创作。

许多画家终其一生创作漫画，如德国的布劳恩、比利时的埃尔热、美国的迪士尼和舒尔茨、日本的手冢治虫、中国的张乐平，等等。漫画的娱乐性极强，其创作流程不同于单纯文字创作，市场需求十分旺盛，因此在不同语种的国家均涌现了一批专业出版漫画的出版社，如英国的出版联盟公司，美国的民族出版公司、戴尔出版公司、迪士尼出版公司、DC公司、奇逊出版公司，等等。五是漫画与动画的合作互动模式形成。现代动画的产生晚于漫画，1895年电影正式诞生后，借用摄影技术，1906年美国人博拉克顿制作的《滑稽脸的幽默相》问世，这是世界上第一部拍摄在胶片上的动画电影。美国的动画片是从当时各大报纸刊载的流行漫画中发展起来的，如埃米尔·科尔导演将漫画家麦克·马努斯笔下的"小淘气"拍成了《斯努卡斯》；弗洛伊德·格特福森创作的"米老鼠"，鲍勃·凯恩创作的"蝙蝠侠"等，都是先创作了连环漫画，尔后又被拍摄成了动画。当然，也有因为动画电影的成功，而将动画主角绘成漫画而再进行纸质发行的。漫画、动画互动模式的确立，开创了一种新的出版格局，它不仅拓宽了出版的视野，同时也规避了各自的市场风险。这一出版模式直到信息时代的今天还焕发着异彩。

在中国的漫画出版史上，技术依然扮演着重要角色。中国漫画的原始状态可追溯到战国及汉代帛画，汉代石刻画像，中古时期石窟壁画及连环壁画，敦煌遗书中的纸质佛经连环画及单幅画，雕版时期的木版年画、《山海经》插图，明清小说插图等，所有以上被视为漫画雏形的画作与现代漫画的概念均相距甚远。

与西方现代漫画概念接近的汉字"漫画"源于1814年日本的葛饰北斋(1760—1849)所出版的《北斋漫画》(第一卷),其中有一些故事漫画和讽刺漫画。1904年上海《警钟日报》以"时事漫画"为标题刊载讽刺漫画,现代意义的"漫画"一词始见诸报端。1925年丰子恺出版《子恺漫画》,"漫画"一词开始普及于当时流行的单幅和四格漫画。20世纪初所创办的一大批诸如《俄事警闻》《神州画报》《真相画报》《戊申全年画报》《湖北日报》等报纸、画报,刊登了大量成人讽刺时政漫画,这些漫画之所以能够大量发表,关键的技术因素是当时中国已广泛使用石印技术。石印以石板为板材,分绘石和落石两种工艺技术,落石又分彩色石印和照相石印两种印刷技术。石印技术尤其方便图像制版和印刷,这一技术是直接淘汰中国雕版印刷的利器。清末最著名的画报《点石斋画报》就是由石印技术印就的。同时,照相铜锌板凸版印刷术、珂罗版和照相平版印刷术以及照相凹版印刷术在19世纪晚期相继传入中国,这些技术均解决了图像制版的难题,使得图像印刷等同文字印刷,不仅画面精美、效率提高、成本下降,而且还为大批量印刷报纸、期刊提供了技术支撑。毫无疑问,一系列的先进印刷技术有力地推动了漫画出版的快速发展。

与美国、欧洲、日本的漫画繁盛所不同,中国缺乏长篇连环漫画,漫画明星也寥若晨星。但于漫画,中国有着自己的文化传统与对世界的贡献,这便是中国出产了数万部连环画。中国的绘画基因中,一直彰显着对叙述性连续绘画的偏爱,如洛阳西汉壁画《二桃杀三士》、晋代顾恺之《洛神赋》、敦煌壁画中的佛本生故事连续图画、五代顾闳中《韩熙载夜宴图》、明代刻印《全相注释西厢记》《金瓶梅词话》和《孔子圣迹图》等都可视为20世纪现代连环画的直系祖先。20世纪20年代，现代连环画诞生。1920年刘伯章绘制出版《跨海东征》（20集）。1925年上海世界书局出版一套5部大型连环画图书系列《三国演义》《西游记》《水浒传》《封神演义》《说岳全传》，图画数千幅，世界书局标榜其为连环图画的首创。从20世纪20年代连环画兴起至90年代式微，中国至少出版了两万种以上的连环画，内容主题丰富多彩，包括古典名著、传统民族童话、神话、寓言、传说故事、名人传记、历史演义、戏曲、战争和英雄故事、时事和运动宣传、革命历史和阶级斗争、国外文学、样板戏、知识青年、反思文学、科普知识，等等。连环画艺术表现形式以传统线描为主，素描、水墨、水彩、毛笔、铅笔、钢笔、黑白木刻、剪纸等多种绘画形式无一不是绘制连环画的艺术工具。80年来连环画名家辈出，不同风格竞相绽放，形成了独具民族艺术特色的漫画长廊。在世界艺术画坛上，中国的连环画出版独树一帜。进入20世纪90年代，大量日本及欧美漫画、电视卡通、卡通画册纷纷涌进国内市场，电脑绘图逐渐得到推广，大众娱乐方式走向多元，互联网逐渐兴起，读者的娱乐取向渐渐远离传统，同时连环画创作的主题和内容与市场渐行渐远，20世纪的连环画喧嚣终于走向衰微。

20世纪90年代，中国连环画衰落的直接原因是美国、日本、欧洲漫画、卡通、电视动画的广泛传播，电视动画片随着电视的普及进入普通家庭，从而引发儿童审美转向。但它衰落的原因应当追溯到美、欧、日电视电影、电视动画自20世纪50年代以来的流行和电脑绘图自70年代的兴起。电脑绘图技术制作电影特效日益成熟，《星球大战》（1979年）中电脑动画特效的成功意味着电影制作技术实现了新的突破，电脑动画作为一种新技术改变了动画和漫画的未来，中国也概莫能外。

20世纪80年代，美国的电视动画技术日臻完善。1982年美国第一部电脑动画短片《电子世界争霸战》问世。1986年，由皮克斯（Pixar）动画工作室制作的电脑动画短片《顽皮跳跳灯》于次年获奥斯卡提名奖，电脑动画电影（影院电影）越来越敢于与电视动画分庭抗礼。进入20世纪90年代，动画电影一改其单纯娱乐未成年人而转向娱乐各年龄段观众，成人动画电影已可以颉颃成人真人电影。1995年迪士尼公司成功发行世界上第一部全电脑制作电影《玩具总动员》，这标志着电脑已成为制作动画的成熟技术工具，动画片再也不需画家们一张张手工绘制数十万张图画来制作了。同时，电脑动画又与互联网结合，动漫文化及产业从此进入数字技术新时代。

由美国所引领的计算机图形图像技术所创造的三维动画（3D动画）继续向前发展并很快成为制图的主流。三维图像的开创者皮克斯动画工作室继续与迪士尼合作，连续推出《虫虫危机》（1988）、《玩具总动员》（1999）、《怪物电力公司》（2001）、《海底总动员》（2003）、《超人特攻队》（2004）等多部令人震撼的3D动画长片。三维动画技术的成功也引发华纳、梦工厂、福克斯、哥伦比亚等公司纷纷进入电脑动画出版领域。三维虚拟图像技术不仅使画家的手工画笔渐被遗忘，同时也模糊了真人电影和虚拟动画电影之间的界线，观众已很难分清电影大片中的虚拟形象和虚拟形象背景下的电影大片。不仅仅是动画，电脑绘图软件也越来越成为世界各国漫画家手上的新工具，这支数字之笔拓宽了漫画的表现空间及主题，也更让漫画的角色形象变得与以往越来越不同。漫画与动画形象越来越因为制作工具的不同而变得无处不在和难以想象。漫画的边界正在挑战人们的想象力。

20世纪90年代是中国动画和动漫艺术发展的转折时期。与美、日国家相比，我国的技术环境曾长期呈滞后状态。从20世纪50年代起，美、欧、日等发达国家和地区进入电视普及时代，电视动画与电影动画并驾齐驱甚至超越影院动画而成为儿童家庭娱乐的最日常项目。美国自20世纪80年代即进入数码时代，个人计算机开始普及，电脑动画生成技术渐趋成熟。日本紧随美国，20世纪80年代一跃而为动漫出版强国，甚至撼动了美国的霸主地位。而中国直到20世纪80年代电视才开始进入城市家庭，20世纪90年代才开始陆续普及。20世纪80年代，中国开始引入日本电视动画《铁臂阿童木》《聪明的一休》《花仙子》等，迅速在国内掀起收视热潮。20世纪80年代末、90年代初，美国电视卡通《猫和老鼠》《米老鼠和唐老鸭》引入中国后，迅速风靡全国，吸引了中国未成年观众。20世纪90年代，日本漫画大举涌入中国市场。1993年以美国漫画形象主角"米老鼠"命名的卡通杂志正式在中国出版。这些来自异域的漫画深受影视动画表现风格的影响，无论是角色形象还是页面呈现方式，无论是内容主题还是艺术语言表达，无论是出版模式还是营销模式都与中国传统的连环画、漫画迥然不同。面对美、日新型漫画风格变化不定、人物形象夸张而趣味十足、故事情节紧凑、深受中国少儿喜爱的时代特点，中国的艺术界和出版界也做出了行动上的回应：首先，学习美、日，创办新刊。1993年8月，我国第一份采用影视手法的新型漫画杂志《画书大王》创刊，探索刊登新型漫画作品，为卡通漫画提供出版平台。其次，新闻出版署提出并实施"5155工程"，大力发展漫画事业和产业。新漫画书刊大量出版，新型漫画杂志如《中国卡通》《少年漫画》等先后创刊。最后，引进和研发电脑动画技术，为动画、漫画制作提供技术支持。中科院软件所、北方工业大学、浙江大学等科研单位研发电脑动画技术不断取得新的突破。1992年，北方工业大学制作并放映了我国第一部完全用计算机编程技术实现的科教电影《相似》。以上措施，不能简单理解为新技术和新技术形式下的被动回应和转型，实际上更应当视为新技术条件下艺术的拓展和出版形式的主动扩张。正是因为出版和艺术主动适应电脑动画和绘图软件新工具，中国才以将动画和漫画合而为一的"动漫"姿态回到了世界动画与漫画的舞台上，以至于移动互联网盛行的今天，我们还可以找到中国的动漫形象。

21世纪，数字技术重新定义了视觉艺术和出版产业。移动互联网、手持终端、智能手机、云计算、大数据等数字技术改写了动画、漫画、游戏内容的创作模式、载体形式和传播方式，日新月异的数字技术所创造的大量的不存在于真实世界的虚拟艺术形象改变了人们的生活和行为，人类正越来越沉湎于精神上的虚拟消费，而虚拟形象及其行为因为三维技术的创造似乎也正变得无穷无尽，这些形象越来越成为内容产业的强大支撑，出版产业正随着数字虚拟的艺术形象而拓展着屏幕上的新领地。当然，纸上的形象，今天还不能小觑，而形象的周边权利也纷纷变成了商品，新的产业模式也正重塑着以夸张见长的漫画出版边界。

概而论之，动漫产业的内容边界及其产业动向正在呈现以下几个特征：一是漫画、动画、游戏三位一体的趋向越发显著。因为数字技术，由漫画形象及故事改编为动画、电影、游戏，由游戏形象转为动画、电影、漫画形象及故事，电影、动画经由漫画、游戏改编变得简单而易行。漫画先刊载于杂志试水市场，再转为图书进一步扩大影响，同时制作成供PC阅读的网络版和供智能终端阅读的手机版，如果广受欢迎则可以进入动画、电影和游戏领域，市场风险由此得到了有效调控。试错于低成本，扩张于多屏幕，这一跨界出版模式越来越常见于美国和日本的动漫出版业界。二是纸质漫画图书、期刊和互联网数字形象产品共存。纸质漫画图书在欧洲、日本依然位居畅销书籍前列，中国绘本市场逆势崛起，日本漫画类杂志依然占据动漫产业链前端重要位置，数量最多、印量最大，中国漫画期刊日趋集团化，名刊、大刊兴起。在互联网几乎可以吞噬一切内容的时代，漫画图书和期刊的图像及文字不可避免地走向网络化，不仅存量的原有纸质内容迁移到了互联网上，更主要的是原创网络期刊和原创漫画作品风起云涌于各动漫大国网络，形成与纸质图书、期刊互补并存甚至超越后两者的总体发展态势。三是网络动漫和手机动漫平台并行，移动平台的内容将随着智能硬件软件技术的升级而转移。日本是世界上移动技术和应用最发达的国家，动漫手机化也较美国发达，网络动漫和手机动画处于引领世界的先进地位。视频网站纷纷建立动漫频道，美国的 YouTube，中国的优酷网、搜狐视频、爱奇艺等均是网络动画的领先者。中国网络漫画的主要阵地由有妖气和腾讯动漫两个原创网络平台分割。手机动漫以电信运营商为主导的模式依然是商业应用主流，但第三方手机动漫客户端开发逐渐兴起，App 等手机漫画工具以及类似"闪兔漫画"等手机漫画平台越来越成为内容扩张和聚集的有效途径，其势头将胜过网络动漫，这已经是业界的共识。数字动漫产业链中心内容生产商、运营商、技术提供商和平台商已经形成互联互通、互相支持的共赢格局。四是动漫直接产品和动漫周边产品紧密结合的商业模式在数字化时代越来越成为主流商业模式。漫画形象授权模式由美国迪士尼于 20 世纪 30 年代开创。动漫周边产品也称衍生品，分为实用型产品和收藏型产品两类。实用型产品包括书包、文具、家居用品、服饰、食品、生活器具等，而收藏型产品则主要是各类模型、玩具等。20 世纪 30 年代迪士尼授权产品的利润占到其利润的 30%，而 21 世纪的动漫周边产品利润一般占比为 70%（该数据来源于《2012—2013 中国动漫游戏产业年度报告》），动画、漫画形象及其故事品牌成为利润主要来源，这种商业模式推动着出版业越来越走向娱乐化，出版由此也越来越有意无意地向娱乐文化产业投怀送抱，在数字化时代，我们已经越来越不能分辨究竟是出版业向娱乐业扩张还是娱乐业正在蚕食出版业的内容与形象。

实质上，动画和漫画是两个不同类型的艺术门类，如同出版具有娱乐功能但终不能将出版归入娱乐行业一样，我们也不能将动画、漫画混为一谈，应当鼓励它们朝着各自的艺术通道分别前进。中国动漫基地的一哄而上模式应当反省，应当借鉴美国、日本、欧洲、韩国的动画、漫画生产和经营模式，遵循成年和未成年人的娱乐需求、价值需求和人性需求，充分利用数字技术和互联网平台，深刻理解动画和漫画的艺术规律，通过创造精彩故事、创造精美形象，拓宽艺术边界，从而真正开辟出版的新领空。

第九章 论按需出版

文字的不同载体材料与如何将文字复制于不同的载体材料，这两项技术变化决定了出版史的走向。数字与文字因社会需求而被发明，又因对社会记录、存储、传承的记忆需求而出现出版活动。换句话说，人类最初的文字活动源自记忆信息、知识的需求，复制信息、知识于另一物体则已具有传播的性质，而传播于大众正是出版的本质。出版史正是沿着如何将内容通过复制传播于他人而不断进化的，满足他人信息知识需求也正是出版活动追求的最基本目标。按需复制应是最理想的出版行为。由此我们可以得出一个观点，按需出版是出版的本质追求。下面拟就按需出版的概念定义与要素构成、实现路径与方式、重点方向与意义陈一己之见。

一、按需出版的概念定义与要素构成

什么是按需出版？这是我们必须首先回答的问题。所谓按需出版，是指基于知识需求以满足个性化、小众化、小批量的传统纸质型和满足即时即地需求的信息数字型知识生产、复制和传播的活动。知识载体可分为纸质和数字两大类，这是我们讨论当今按需出版的基点。纸质之前的莎草、黏土、羊皮、简牍、缣帛等是早期的知识载体，基于这些载体的记录，基本是个人行为，复本很少，传播性较弱，文献性较强，属于出版早期形态。信息技术发明以来，知识载体的材料也经历了软盘、硬盘、光盘、芯片等介质，各种不同的屏幕成为知识的呈现途径，AR、VR作为增强现实、虚拟现实技术也越来越多地被应用于知识呈现。以上这些情况，不是我们的关注重点，我们的立论现实是当前主流的纸介质和数字介质的出版行为，这是首先需要明确的。

一般来说，出版产业链的环节主要由三部分组成：生产知识环节，主要角色是作者、编辑，作者创造知识，编辑组织和加工知识；复制知识环节，主要角色是印刷厂、数字技术提供商，印刷厂批量复制知识文本，数字技术商提供加工技术和传播技术；传播知识环节，主要角色是书店、平台供应商，书店提供交易场地实现知识交易，平台供应商提供交易平台实现知识交易。传统纸质产业链基本上是线性的，而数字出版产业链则渐趋网状结构。知识的生产复制与交易传播均出现前所未有的不同，按照知识需求重构这三个环节则越来越成为出版现实。

传统的出版产业链往往是不能覆盖作者与读者的，至少对出版上游——作者，与出版下游——读者的管理是力不从心的。出版社以及编辑对作者队伍的经营十分用心，一直视其为衣食父母，一家优秀的出版社或是一名优秀编辑一定拥有一支自己的一流作者队伍。作者水平的高低，无疑决定了出版社的出版品质，编辑的作者朋友圈也决定了出版社的出版方向。尽管如此，我们必须认清的现实是，作者是游离于出版社的。作者随时可以、随时有权利向另一家出版社递上橄榄枝。如何管理作者队伍始终是出版人、编辑面临的难题之一。同样，读者也是游离于出版产业链之外的。出版社尽管可以清晰地定位自己的目标读者群体，可以针对目标读者策划出版相应的出版物，例如教育出版中的教材教辅出版，但出版社依然不能掌握读者的具体情况和个性化需求。专业出版物的读者定位相当明确，然而品种数量最多的大众出版，其读者定位与读者群体却是最难以把握的。如何管理读者群体与定位目标读者以满足所需，是出版人面临的又一难题，满足作者需求与读者需求是出版产业的根本需求，也是按需出版的最重要的服务对象。

影响出版产业效益的因素，从宏观上分析主要有三个：数量因素、时间因素与空间因素。无论纸介质还是数字介质，一个文本的复本数量是影响出版效益的重要因素，数量越多，其社会影响力和经济效益就越大。一个文本的复制时间越短、复本传递到读者的时间越短，出版效率越高，相应的则是其出版效益可能越大。用最短的时间传递最有价值的知识始终是出版人的追求。地理空间影响知识传递时间，也影响读者的覆盖范围甚至读者群体数量。一般来说，知识传播范围越广，其影响力越大。实际上，从出版史的角度看，追求文本复本数量、传播速度和传播范围始终是出版人不懈努力的方向。当下的数字出版正是追求这三种因素的阶段性进展，以最快的速度满足最远距离读者需求的出版实践方兴未艾。

随着基于信息技术和互联网技术的数字出版技术的演进，传统出版产业链被不断重塑。互联网不仅仅是信息发布与传播平台，它也成为一个出版平台。在基于内容的专业出版网站上，网络平台以一个出版平台而存在，它让作者在线发表自己的创作文本，读者在线阅读作者的作品，作者与读者在网络平台上实现交易并在社区里互动与交流。文本复制与传播均在网上完成，而出版商的角色转向专业网络出版平台提供商。这一转向的成功已经由众多的案例证明。按照读者或者客户的知识需求或娱乐需求提供相应的内容服务，已在众多专业领域得以实现。按需生产内容的出版方式不断完善，其覆盖的内容领域范围不断扩大，覆盖客户的群体不断扩大，覆盖的传播地域不断扩大。

基于以上的认识，我认为，构成按需出版的要素主要有作者（内容提供者）、出版商（内容组织者、加工者）、复制技术提供商（印刷厂、数字技术提供商）、传播渠道供应商（书店、平台代理商、平台提供商）和读者（用户）五个组成部分。这五者的相互作用与影响构成按需出版的新生态圈。

二、按需出版的实现路径与实现方式

当我们打开互联网，无论是 PC 端还是移动端，一个网络平台或 App 均具有浏览、下载、安装、收藏、转发、打印、评论等功能。从出版商的角度去思考这些功能，实际上它们可归属于文本复制、阅读、交流的出版范畴。尤其是随着移动互联网和智能终端的普及，随时随地获取内容知识正成为生活常态。如果说要获取物理形态的纸质书籍还要去物理书店或网络书店购买的话，那么现在如果你想获取一本电子书或者需要某一专业知识，只需一部充了电的智能手机，随时免费下载或付费下载就可以实现自己所需。付费下载、付费阅读的知识传播和知识交易行为从本质上讲是典型的出版行为，同样也是典型的按需出版的行为。

依据按需出版的定义，我们可以按照载体材料将其分为两大类：纸介质和电子介质。实现纸介质按需出版的路径是数码印刷，而实现电子介质按需出版的路径是下载阅读和在线阅读。

纸介质按需出版的基础是数码印刷技术的出现和数码印刷机的广泛应用。数码印刷技术是在打印技术基础上发展起来的一种综合技术，它集合了印刷、电子、计算机、网络、通信等多种技术而实现将计算机文件直接印刷到纸张上，以电子文本为载体，通过互联网传递给数码印刷设备，无需制版而直接印刷，全程由计算机控制，实现印刷、折页、裁切、装订全流程生产线式生产，一本起印、立等可取、按需印刷。数码印刷系统的关键技术体现为计算机软件的突破，主要包括全数字化印刷流程管理软件、满足印刷的多种排版格式的输出管理软件、印刷数据资料管理软件、按需并可变的印刷和支持软件、远程网络服务软件，基于以上技术软件的数码印刷机正在取代传统的印刷机。据相关报道，数字印刷已越来越成为美欧印刷业的发展趋势，超越传统印刷指日可待。数码印刷技术激发了按需印刷的市场应用，用于书籍按需印刷的生产线也越来越被印刷企业和出版企业所重视。新建的数字印刷生产线也越来越多，运用按需印刷技术出版的出版物品种和数量越来越多、规模越来越大。出版的进步始终建立在复制技术的进步之上，建立在数字印刷技术之上的按需印刷技术的广泛应用，势必推动按需出版的发展。传统的建立在高速轮转机之上的标准化、大批量、大规模的出版模式已经受到挑战，建立在数码印刷机之上的个性化、小批量、小规模的按需出版模式越来越成为未来发展趋势，在某些出版领域如专业出版领域将有可能成为主要出版形式。

以电子文本为载体的数字出版从本质上讲是一种按需出版。数字出版的全流程已经实现完全的数字化控制。作者远程传递电子文档，编辑借助软件进行加工并形成可印刷或可复制的格式文件，通过数字加工后的不同格式电子版文本以网页、电子书或数据库知识颗粒形式存储于网络平台、网盘、硬盘、服务器中供传播所用，电子文本的传播也完全通过有线、无线形式实现，可以在线阅读、下载阅读，可以随时随地复制、转发、剪切、复制、粘贴、移动、收藏、打印。可控的数字化的文本生产、编辑加工和传播的起点与终点都是读者或者用户，都是为了满足读者或用户的知识需求，都是以读者或用户为中心，建立起新的出版模式。无疑，数字出版的重心转向读者和用户的知识需求，这一转变回归到了出版初衷，知识为读者服务；又因其过程可控，文本复制边际成本几乎为零，根据读者需要而交易或传播的出版模式，可视为典型的按需出版。

电子文本以网页、App、电子书、数字图书馆、数据库等呈现方式供读者或用户在线阅读或下载阅读，这便是数字化的按需出版的实现路径与实现方式。在线阅读需求引发在线出版与网络出版，目前已是成熟的按需出版模式。在线阅读，最初源于散文、诗歌、小说类文学网站，由免费过渡到付费，由业余爱好者过渡到专业创作者，由非商业网站过渡到商业网站，由技术提供商开发网站运营过渡到由出版专业人才运营网络平台，由单一网站过渡到网站集群，由较小规模运营过渡到大型门户网站运营，由非营利过渡到大幅度利润增长并形成 IP 经济产业链，甚至我国三大电信运营商也全部介入，建立付费在线阅读基地。据《北京日报》2015 年年初报道，2014 年中国移动阅读市场收入规模 88.4 亿元，预计 2017 年市场整体收入规模将突破 150 亿元。在线阅读最早的引领者是起点中文网，被盛大收购后成为盛大文学网站集群之一，其后盛大文学又被腾讯公司收购组建阅文集团。百度公司建有百度阅读开放平台，2013 年并购纵横中文网，与 91 熊猫看书、百度书城合并，并整合百度贴吧、游戏、音乐、视频等资源组成"百度文学"，形成文学产业生态链。阿里巴巴也于 2015 年进军移动阅读业务，与书旗小说、UC 书城组成阿里文学。三大电信运营商的电子书阅读基地——中国移动的咪咕阅读、中国电信的天翼阅读、中国联通的沃阅读一直是在线阅读的品牌。多看、豆瓣等移动阅读 App 后来居上，正与亚马逊、当当、京东的数字阅读产品一争高低。超星读书、中文在线电子书的市场份额越来越大，其他的在线阅读和电子书交易平台不可胜数。作者在线创作作品上传到网络平台，读者付费在线阅读，这一每日海量创作和阅读消费的出版现象已经成为世界出版史上的奇迹。

下载是指将电子书电子文本从 FTP 服务器拷贝到自己的计算机、手机、平板电脑等终端上。付费下载是指只有缴纳相应的费用才能下载电子文本的交易行为，如从网络书店当当、京东书城中下载电子书必须支付相应定价的金额才能完成下载。这一交易过程与购买实体书籍没有任何本质不同，将其视为出版产业链中的交易环节则是理所当然的。电子书的交易场所可以是专业网店也可以是应用商店、数字图书馆，但更多的则是各不相同的专业网站。对于专业人员的专业知识需求，数据库出版物是最好的专业级产品。专业人员可以通过付费，浏览、阅读、下载其中的论文、知识点或著作等数字化内容。如果站在出版商的角度去看待付费下载知识内容的过程，则可将其视为完成产品销售。出版商将作者的电子文档制成电子书或数据库，等待读者或用户付费下载交易，这一过程实为传统纸质出版流程的数字化翻版。不同的只是纸质出版需要先制作实体书，而电子书和数据库则不需要。因此，其满足读者需求的特点更加突出，这也是我们将电子书、数据库视为按需出版的原因之所在。

三、按需出版的重点方向与门类

当前，我们身处纸介质和电子介质并存的时代。也许，这一时期相当长。以电子介质为基础的数字出版对以纸介质为基础的传统图书出版曾经并在未来仍将构成挑战。但事实证明，它们没有形成替代关系。我们提出按需出版的初衷是解决纸质出版的经营困境，而数码印刷机则恰好给传统出版提供了技术机遇，正是这一系列数字化的复制技术让纸质出版找到了新希望，可以说纸质出版与数字出版在这里找到了联姻关系，它们不仅可以并存，甚至可以"举案齐眉"。它们的共同点就是依据知识需求去生产知识。

建立在数码印刷机基础之上的按需出版按照介质仍然可以分为纸介质和电子介质两种类型。纸介质与电子介质的按需出版是互相支持的关系，纸介质出版物可以转化成电子介质出版物；反之，电子介质也可以制作成纸介质出版物。两者在出版对象——内容门类的适用性上具有较大重合度。总体而言，电子介质的数字出版是可以覆盖纸介质出版的，数字出版的适用门类则要广泛得多。目前的数字出版的内容来源有两个渠道，一是源自纸质出版物的数字化，二是初始文档即是电子文档形式的稿件。存量的纸质出版资源正在被全球性地数字化，数字资源每天的创作数量正以天文数字生产着。这两者是按需出版的内容基础。

纸介质出版的技术基础是印刷机。在中国自8世纪发明雕版印刷术以来至19世纪，雕版印刷书籍是最主要的出版物形式。西方自15世纪古登堡发明印刷机而进入机械印刷时代，19世纪的蒸汽印刷机、电力印刷机的应用改变了出版经营模式。高速滚动的轮转印刷机以标准化、大批量、成本低为显著特征，这一技术发明特别适用于复本数量巨大的课本教材、文学和非虚构畅销书、报纸与杂志，但是与之相匹配的是抬高了复本需求量小的出版物的进入门槛，印刷商用较高的单本工价成功阻挡了大量小需求量的书稿出版。因为成本的因素，出版商也主动放弃了某些类别出版物的出版，而作者也相应地进行了创作的调整，内容生产因此而受到层层内审和自我限制。因为数码印刷机的发明，那些被轮转印刷机阻挡的文本得以重新进入出版领域，这一巨变，必将激发相当多的学科门类的学术进展和成果呈现，同时也必将催生一大批原本无望出版的文本出版。按需出版不同门类的小批量文本因数码印刷机而得以实现。

纸介质的按需出版从出版史的角度去分析，实际上是一种出版回归。中国古代的雕版印刷一直是以客户的数量需求而印刷装订的。雕版时代的出版系统主要有五类：官刻、家刻、坊刻、寺观刻书、书院刻书。官刻、家刻、寺观刻书、书院刻书无商业目的：官刻书籍主要用于颁赐；家刻书籍主要用于刻印保存先人和个人研究或创作文字；寺观刻书主要用于本机构研读所用，宗教目的较强；书院刻书主要为教师和学生自用。只有坊刻属于商业性质，坊刻多以家庭或家族为单元，刻印、刷印能力有限，自印自销现象普遍，外销则以书肆客户订数为据而定量印刷，其控制风险的意识较强。在西方，从1450年德国古登堡发明手工操作的木制印刷机到19世纪初出现手工操作的铁架印刷机，尽管铁架印刷机较经久耐用，但图书产量却没有大量增加，直到大型、快速、昂贵的蒸汽印刷机于1814年用于印刷英国《泰晤士报》，1817年英国伦敦用机器印刷第一本书籍——约翰·弗里德里希·布卢门巴赫（Johann Friedrich Blumenbach）著《生理学原理》，蒸汽印刷机于19世纪30年代得到广泛使用,自此出版业进入新的历史阶段。长达近四百年的手工印刷机时代,最初印刷商、出版商与发行商是一体化的,17世纪初印刷商开始只承接书商或其他的印刷业务而成为独立系统,此时书商主要业务是确定与投资图书出版项目并组织市场销售;到18世纪末19世纪初出版商与书商分离,出版商专注于出版图书而书商专注于销售图书。三者的分离意味着资本与市场风险的分摊。三者或者二者合一的时代,按照市场需求去控制生产图书数量一直是控制市场风险的法则,这一法则,最终被高速机器印刷机所破坏。手工印刷机相对于手写是大批量生产,但相对于机器印刷机又是小批量生产,手工印刷显然更具有按需性。而如今在信息时代所发明的数码印刷机可以达到一本起印,根据需求控制印数的能力进一步增强,按需出版的商业模式则必然对大批量生产的轮转机模式形成挑战,这是历史的规律所在。

雕版印刷和手工印刷机印刷开启了真正现代意义上的出版时代。相对于经学和神学、宗教时代,印刷术的发明推动了古典文本、当代文学创作、自然科学著作的巨大发展。中国的经部注疏、史学著作、医学、类书和个人文集因雕版印刷术而大量涌现,西方则因印刷术直接推动了自然科学的发展和人文著作的大量出版,自然科学中的地理学、天文学、动物学、植物学、地质学、博物学等学术专著被大量出版,此外带有工具和艺术性的图书也成为市场新宠,如地图、图谱、百科全书、索引等随着手工印刷机而得以大量出版。在以蒸汽、电力为动力的机器印刷机广泛应用的

19世纪、20世纪，小众化小批量的书籍，因为出版成本的原因，得到了市场的过滤，轮转机的兴趣点集中于大批量的教材、学习读物和畅销书，而这一出版模式正在受到新的挑战。

数码印刷机的应用和数字编辑排版传输软件系统的普及，尤其是互联网平台成为出版的一部分后，传统出版所不能或不愿涉及的领域从此可以实现按需出版。概而论之，我们认为以下几个出版方向比较适合按需出版，值得关注。一是自然科学、社会与人文科学领域中的各类别学术专著和论著，市场需求量小、专业性强，主要用于学术研究同行之间的交流。二是按专业划分的各类教材，如中职、高职专业类教材以及高校专业教材等。三是各类文献如专利文献、档案文献、地方文献、史志文献、期刊文献、报纸文献、手稿文献等。四是各类图像，如各种表格、图谱、地图、图像、照片等。五是各类工具书，如索引、文摘、字词典、分类辞书、百科全书等。六是个人文集、诗集及个人日记书信等文献资料、家庭文献资料等。同时，数字型的按需出版应是覆盖式的，不另赘述。

总而论之，出版的进展取决于复制技术和载体材料技术的进步。不同的复制和材料技术，对应于相应的出版商业模式和运营模式。以信息技术、互联网技术和数字印刷机技术为基础的数字出版时代，按需出版成为时代趋势与特征，它扩大了出版的边界，使图像、音频、视频广泛进入出版领域；它将重建出版商业模式和运营方式，出版商、印刷复制商、发行书商三个系统将有可能重新并而为一；它已改变知识的供需关系，以读者和用户为中心的时代已经来临，按需出版的时代已经到来，这已不再只是趋势。

第十章 论平台型出版

大多数图书出版业者在经历了信息技术和互联网技术革命洗礼后依然没有醒悟，基于移动互联网、智能终端、物联网、云计算、数据技术、人工智能、云存储等一系列新技术组合而成的新平台，正在以覆盖的方式分裂、替代、重新整合传统图书出版产业链、价值链和商业模式。平台对应于工业文明时期的工厂、公司正在以一种经济组织形态席卷各个行业，出版业也不例外。如何应对外部平台的覆盖，如何自觉转型为平台型出版，如何建立平台型出版商业模式正是本章思考的重点所在。

一、平台型出版的概念意义

平台的本义是物理空间概念，是指高于附近区域的平面，是用土筑成的方形的高而平的建筑物，积土为方而观四方者曰台，中国自古即有筑台登高望远的文化传统。工业文明时期"平台"一词又引申为生产或施工过程中为进行某种操作而设置的或固定或移动的工作台，也指可固定工件的机器金属表面。而信息文明时代，"平台"又普遍借指为计算机硬件或软件的操作环境，"计算机平台"一词基本包含三种形式：基于快速开发目的的技术平台，基于业务逻辑反复使用的业务平台，基于系统自维护、自扩展的应用平台，前两者是软件开发人员使用的平台，而后者则是应用软件用户使用的平台。通常来说，基于计算机技术和互联网技术的网络意义上的平台概念一般是指网站。

互联网是指将计算机互相连接在一起的覆盖全世界的全球性互联网络，分基于 PC 端的 PC 互联网和基于移动端的移动互联网两种连接形式，而网络平台随之也分化为两种不同的呈现方式。移动互联网是将移动通信和互联网结合为一体的新技术和新业务组合，网络平台随着技术进步正由网站向智能移动端的应用程序转移。无论是网站还是手机应用商店，此平台都是虚拟的。平台进一步进化为供不同群体交流互动的虚拟空间。平台的属性由此而被赋予更多的外部性、互动性、经济性、娱乐性、目的性，平台的概念再次突破物理空间的本义。平台已经成为互联网时代市场资源整合和商业模式创新的具化形态。因此，我们将平台定义为存在于物理世界或虚拟网络空间交流交易场所，该场所引导或主导参与双方或多方互动交易实现共享共赢。具体到网络出版平台，我们可以将其定义为基于互联网在网络上应用的汇聚知识、展示知识、传播知识、交易知识、促进群体互动、满足客户多种需求的专业交流网站或应用市场。

物理概念下的平台蕴含着不同人群聚会交流、演出娱乐、交换交易的意义，在平台上活动的人群具有不同的身份特征，譬如作为平台之一种的舞台，活动于其上下的人群包括演员和观众两种身份。活动于平台上下的人群至少是双边的，但更多的情况则是多边的。由舞台而理解平台，平台具有连接不同群体的媒介性质。平台具有的传播意义于此显而易见。以此视角去观察传统的出版机构，我们则可以毫不犹豫地判定出版机构实际上就是一个连接作者与读者的传播平台。与舞台所不同的是出版机构不能或很难将作者与读者组织到一个固定场所实现传播或交易，出版机构需要借助书籍这个媒介，需要通过第三方批发店和零售书店才能实现传播和交易。因此，传统的出版机构是个发育不充分的、有缺陷的、不能直接交流与互动的传播平台。

以传统出版机构为中心的传统出版平台的缺陷主要表现在三个方面：首先，出版机构无法有效管理出版产业链的上下游，作为内容价值的创造者——作者，基本上是以个体或小团体存在的，完全游离于出版方的管理之外；而作为内容价值的实现者——读者，更是"满天星斗"，出版方也基本无法了解读者的各种信息。无法有效连接出版价值链上的两个关键群体，无法使之互动，无法有效获取信息是传统出版产业链的最大缺陷。其次，传统出版产业链上的产品生产者与销售者是分离状态且利益相关方过多，造成过多的交易困难，一部书稿从工业化印厂复制，成品转回出版机构仓库再到批发店再到零售店，环节多且信息不畅，而出版物寄销制的交易制度性设计将经营风险完全转移至出版机构，出版机构无法稀释经营风险，从而造成大量库存积压或不能及时满足读者用书需求，这两种行业自我伤害造成全球性的出版产业不能健康成长。最后，传统出版机构因其知识密集型和劳动密集型两种基本属性,出版行业的手工加工性质与工业化机器大规模生产之间的基本矛盾始终无法得到全面有效的解决,单体出版机构很难做到规模化生产,即便是跨国的大型出版集团,其内部生产组织也是由小单元的编辑加工部门组成的,编辑的个体工作性质与农业文明的家庭作坊比较适应,但与工业文明的大规模生产相比较时则显得脱节,不能有效整合编辑生产要素而形成大规模生产是传统出版行业的又一缺陷。传统出版产业链的诸多缺陷决定,出版转型的内在动因有其难言的无奈。

由出版是连接作者与读者的中介性质所决定,相较于工业文明的大规模生产与销售,传统图书出版与互联网平台具有较强的契合性。互联网平台最大的特点是能够有效连接两个或两个以上的群体在同一个虚拟场景里互动、交流、交易,这一特点就如一剂良方,可以有效地消弭传统出版产业的原有缺陷,从而让传统出版机构从传统出版平台稳健地转型过渡到互联网新平台。首先,互联网平台为作者、出版机构、编辑、读者提供了一个可以24小时互动交流的空间,如果此平台是出版机构建立的话,出版机构的管理者则可以据此有效了解作者动态、读者需求等一系列信息,并且可以进一步有目的地系统管理作者和读者群体,将产业价值链上的上游下游群体真正地纳入到出版产业链管理体系中,从而形成真正的价值共同体和利益共同体。其次,互联网平台的交易功能颠覆了传统出版物的交易流程,并且重新确立了一套新的知识交易模式。在纸质出版物领域,互联网平台合并了出版商、批发商、零售商的交易功能,可以直接实现与用户交易,如果通过第三方平台交易至少减少了批发商的环节。而在数字出版物领域，互联网平台则可以直接实现产品与用户的交易，出版商与销售商分离的利益矛盾从某种程度上可以得到缓解甚至可以从根本上解决。目前，出版商与书商、平台商的矛盾未能有效解决，其根本原因在于出版商出版平台还过于弱小，还无法形成联盟、形成实力与新的数字平台商、互联网平台商相抗衡。最后，互联网平台的外部性特征，让此新平台成为聚集、整合各种出版资源的虚拟空间，它可以将全国甚至全球的编辑人员汇聚到一个平台上，从而形成一个庞大的生产群体，可以有效地解决出版规模问题。互联网平台的汇聚效应是出版行业做大规模的最有效途径和工具。由以上分析可知，传统出版机构与互联网平台的结合，是传统出版行业解决自身问题的必由之路。

传统出版机构转向互联网出版平台的外部动因主要是纸质出版产业正无时无刻不在感受着互联网技术公司和新数字内容运营公司的挤压，生存发展活动空间越来越小，持续盈利能力越来越受限，经营规模越来越相对萎缩。相反，随着移动互联、人工智能、大数据等技术的快速迭代升级，信息技术正从计算革命（IT时代）过渡到数据革命（DT时代），而第三次信息革命——人工智能革命（AI时代）也正初露端倪，这些新技术已经被大规模地运用到信息内容产业之中，以内容平台运营为代表的网站和移动互联网终端应用平台喷发出前所未有的用户活力，如腾讯阅文集团的起点中文网、中国移动的咪咕阅读平台、中国知网、超星数字图书馆等互联网平台，用户的数量规模越来越大，持续盈利能力越来越强，经营规模越来越大，传播的空间越来越广阔，内容平台运营的商业模式越来越清晰。以技术公司为开路先锋的数字平台型出版已经证明其商业模式是成功的，基于互联网的平台型出版传播已经成为信息文明初级阶段的象征，传统出版机构向平台型出版组织转移已经势在必行。

二、平台型出版的业务模式

平台型出版的核心是一家出版机构要打造一个基于互联网的服务于作者与读者的出版服务生态圈，这个生态圈的外在呈现方式是建立一个互联网平台。这个平台是内容价值的整合者，是作者读者群体的连接者，也是出版生态圈的主导者、组织者。这个平台的用户是新出版的基础，信息内容共享是核心，服务与交易是实现出版价值的途径，这三者构成新的出版生态系统，同时也构成平台型出版的基本业务要素。

互联网公司大体可分为媒体广告型、付费服务型、电子商务型三大类型，而对应于这三大类型公司所创建的平台，其分类方法则具有多样性。如果按照平台的开放程度而言，我们可以将之划分为开放式平台、封闭式平台、垄断式平台三种类型。相对于出版行业，这三种类型的出版平台实际上已经深入到我们的日常生活、学习和研究中，如文学网站起点中文网就是一个开放式的线上阅读平台，中国知网、超星数字图书馆就是两家封闭式的数字内容传播平台，大多数的数据库产品如中国专利数据库则是垄断式的知识检索平台。开放式出版平台的外部性、多属性最强，具有很强的观众性特点，无论何种身份的用户都可以随时随地登录阅读。封闭式出版平台的专业性较强，具有横向联合组织内容资源的特征，用户的身份尽管具有多属性，但用户多以需求特定知识门类为诉求。封闭式平台的内容来源与用户均具有多属性，称其为封闭式主要是站在出版平台的创建者——出版商、运营商的角度而言的。垄断式平台的专业性、专属性最强，具有很强的单一性特点，其内容来源具有垄断性、独特性，其用户人群也具有专属性。根据垄断式平台创建者的身份，可以将此类出版平台分为公益性和商业性两类，政府所创建的垄断式出版平台几乎都是公益性的，而商业机构或个人所创建的则大多是商业性的。

出版商的本质是中间商。而互联网平台的基本属性是多边性、多属性和外部性，同样也具有很强的中介属性。出版商与互联网公司的业务模式基本上是重叠的。互联网平台将内容运营商、硬件提供商、终端提供商、分层服务提供商等不同角色提供的业务单元重新组合到一个虚拟空间场景里，从而为不同群体提供服务。基于互联网的出版平台同样如此，它是将互联网关联的数据、信息、知识的提供者与接受者集合到一起，平台的创建者——出版商通过提供多样化的服务促进平台上不同群体的高效互动，从而创造新的知识价值。可以说，出版平台是互联网平台的一个小小分支。其业务模式可分为召集双边用户和多边用户两种基本形式，换句话说，此两种业务组合是平台型出版的最基本的业务模式。

互联网兴起之后，最初的网站多以连接一个行业的上游客户和下游客户为主。初期的中文原创文学网站如榕树下、红袖添香、起点中文网均是以连接作者和读者两个群体为导向的，是召集双边群体互动交流的平台典型。这一业务组合模式简单而易行，迄今为止，以起点中文网为代表的原创文学在线出版平台是最为成功的平台型出版案例之一。随着互联网用户的增加，细分用户或赢家通吃式覆盖所有用户的竞争策略不断迭代升级，出版平台的创建者也从或专业或业余的创作和阅读爱好者向技术提供商、电信运营商、内容出版商转移，出版平台创建者角色的变迁意味着出版平台的内容资源需要第三方提供，如果是出版商搭建平台的话，出版商则需要技术提供商提供服务，反之亦然。如果平台的交易还需要第三方渠道商实现或者提供担保的话，则此平台采用召集多方群体进行互动交流交易势在必行。因此，搭建多边用户参与平台服务的业务模式是以双边用户业务模式为基础的。如中国知网，是一家集期刊、博士硕士论文、会议论文、报纸、工具书、年鉴、专利、标准、海外文献资源等为一体的网络出版平台，此平台的创建者是清华同方股份有限公司，是一家技术公司，此平台连接了作者、报刊社、出版社、图书馆、读者等不同群体，是一家由技术公司主导的、由多边群体组合而成的出版平台，是典型的多边业务模式。

无论双边还是多边业务模式，出版平台的创建者是关键要素。目前，出版平台大多由技术提供商、电信运营商、终端供应商所主导，内容提供商则处于边缘状态。出版平台大体上可分为两种类型：一类是作者——平台（出版商）——读者，另一类是知识创作者——平台（出版商、产品生产者）——服务提供商（技术、渠道、物流、支付）——用户。同时，出版平台的组织形态还经历了单个平台向多个平台以及多个平台建立平台联盟的集团化发展历程，如起点中文网原为单一网站，后被盛大公司收购，盛大公司还收购有其他几家网络文学网站，由多个网络文学平台结盟而成盛大文学，其后又被腾讯公司并购而组建阅文集团。平台联盟将成为未来出版发行的发展方向。

出版平台的业务模式与互联网公司业务模式紧密相连，甚至可以说，出版平台的业务模式实际上就是互联网业务模式的延伸与应用。美国社交理财投资网站 Cake Financial 创始人史蒂文·卡朋特（Steven Carpenter）曾将互联网公司业务模式归类为 13 种：搜索（Search）、游戏（Gaming）、社交网络（Social Network）、新媒体（New Media）、市场（Marketplace）、视频（Video）、商务（Commerce）、零售（Retail）、订阅（Subscription）、音频（Music）、销路拓展（Lead Generation）、硬件（Hardware）、支付（Payments）。对比这 13 种业务类型，我们可以更加明确一个事实，即基于互联网的出版平台，实际上就是一家互联网公司，就是一种互联网公司业务类型的综合性组合，就是一个依附于网络与终端、借助于网络与终端而传播、交易从而实现价值的新型出版机构。

平台型出版的类别还可以按照不同维度进行分类。如按终端屏幕可分为桌面 PC 端网站、移动智能手机端 App、平板电脑 App

等；按商业模式可分为商业型出版平台和非商业型出版平台，如商业型平台起点中文网，非商业型平台维基百科；按呈现方式可分为以榕树下为代表的在线网页，以中国移动咪咕阅读为代表的在线电子书，以中国知网为代表的数据库平台，以超星数字图书馆、中文在线为代表的数字图书馆出版平台；按出版类别可分为大众阅读、专业出版、教育在线等；按学科门类可分为哲学、历史学、法学、理学、工学、农学、医学等出版平台；等等。出版平台的多样性与丰富性，让我们更进一步地体会到中国自1994年接入全球互联网后向平台型出版转型的努力探索，同时也让传统出版机构向出版平台运营商转变充满了想象空间。

三、平台型出版的商业模式

互联网技术发明后，连接全球的互联网成为人类活动的一个总平台，同时，这个总平台又是各类专业性平台的总载体，人类由此进入"平台经济"时代。阿里研究院主编《平台经济》一书记载："截至2015年5月，按照市值计算的全球15大互联网公司，无一例外均为平台型公司，其中美国11家，中国4家，这15大互联网公司的市值接近2.5万亿美元，是20年前的144倍。"互联网平台成为新经济的引领者，出版行业也不例外。腾讯、新浪、百度公司不仅仅是技术公司，从某种程度上讲其大多业务属性应归为媒体或出版门类。

出版平台就其产品特征而言具有纸质实物和数字虚拟双重属

性。总体而言，它具有开放性、共享性、分享性、协作性、聚集性、整合性、外部性、零成本复制性等特点。它的最基本特征是开放、共享、共赢。这些特点决定了出版平台的商业模式不同于社交、电子商务、搜索、支付等平台，具有相对的独特性。

出版平台的商业模式是指在出版物市场化交易和出版业者市场化互动过程中，通过互联网等一系列信息技术，设计并利用平台交易规则，使平台各利益方之间完成交易并实现盈利的全过程。简言之，就是利用信息技术让平台各方利益最大化。换言之，出版平台的商业模式的基础是互联网媒介，平台的创建方整合作者资源、内容资源，整合渠道资源、用户资源，整合内容制作群体、内容复制技术提供商，设计出版流程，制定出版物标准、交易规则和利益分配方案，设计平台应用层、规划层和数据层平台组织，借助云计算、大数据、人工智能等信息技术，促成出版物交易活动完成，通过这一组织构架和商业活动而实现各利益方共赢，实现平台运营商盈利的目的。以此概念与含义去分析平台型出版的商业模式，我们必须首先明确平台运营商职责、平台利益方主体责任和利益诉求、平台读者或用户类型定位和需求，只有如此我们才有可能最终明了平台运营商通过什么样的方式达到营收与盈利的目的。

平台运营商是平台型出版的核心主体。世界级的国际集团公司已经从制定标准的标准型公司转向以网络为媒介的平台型公司。世界出版50强的前四位培生、汤森路透、励德·爱思唯尔、威科集团均已成功转型为以平台为主体的数字化学习教育服务商和专业信息服务提供商。平台运营商的业务活动应从搭建基于互联网的包括数据层、规划层、应用层三级的平台组织开始，最终形成以内容为底层、以平台为中间层、以工具（各种解决方案）为最高层的运营架构。出版平台运营商的核心理念是共享，尤其是传统出版机构在创建出版平台时更需彻底扭转观念，需要从小规模个体化分工转向大规模社会化协作，需要从编辑、复制、发行出版产业链线性环节分工分离转向平台生态体系共建共享，需要从出版价值链上游作者、下游读者分离转向内容价值网络化上的交互与协同，需要从出版产业线性利益链转向平台群体网状化的利益共同体，出版平台的组织体系要体现为一切活动均以为满足平台运营而展开。再具体地说，传统出版机构需要转型为出版平台运营服务商，需要构建出版交易平台，聚合作者、书店（渠道商）、读者（用户）、出版分层服务商，以此平台实现数据、信息、知识、服务共享，实现按需复制、按需交易、按需服务，形成平台服务、内容共享、按需交易的三位一体的数据技术时代出版商业生态圈，形成DT时代出版产业新商业模式。

对应于工业文明时期的小品种、大批量、大规模、标准化生产的封闭式的股份有限责任公司，信息文明时期的出版已经转变为多品种、小批量、个性化生产的开放式"平台+个人"的众包和外包组织模式。出版平台的创建突破了原有出版机构的地理边界和时间边界，突破了"公司+雇员"的传统组织认同边界，突破了生产者和消费者之间的边界，海量的读者或者用户正在成为作者或者数据、信息、知识的生产者，如中国知网的论文读者同时也多是论文的作者，起点中文网小说的阅读者通过点评和评论参与小说创作，维基百科的用户也有权利成为词条的撰写者、修改者。传统出版机构的独立性正在逐渐消解，而海量的作者和读者正上升为出版产业的知识主体和经济主体，以海量作者和读者为主体、为主流、为主导的出版时代正在来临。出版平台的创建，让人人是作者成为现实，让数据和信息成为内容产业的重要组成部分成为现实，让海量的作者群体与读者群体大规模互动交流成为现实，读者与作者身份合一的历史事实在平台共享时代得到更进一步确认和强化，读者与作者一并成为出版平台的利益主体。同时，出版平台的搭建为知识生产加工环节的大规模的外包提供了工作条件，文字、图像、音频、视频内容的编辑加工、校对、版面设计、装帧设计、印刷复制等环节完全可以实现全球性外包，事实已经证明通过外包实现大规模内容聚集是平台型出版行之有效的一条途径。出版物生产加工环节的外包是出版平台做大规模的最有效工具，将散处全国乃至全球的专业人员汇聚到一个平台之上，这些个体获得了应有报酬，而平台运营者获得了规模效应，这是典型的平台共享经济，平台出版之所以具有巨大的发展前景，平台外包与众包是最重要最核心的竞争工具之一。

传统出版机构的经营模式是产品主导型的，从出版方向定位、选题策划设计、编校加工、印刷直至销售，均是围绕出版物产品而展开的。然而，平台型出版的经营模式则大大不同，它是以人为主导的，人是平台的出发点，它是以聚集海量的作者群体、读者群体和各类出版服务人员群体为目标的。在一个专业出版平台上，因为有了海量的用户才有了海量的需求，因为海量需求才聚集了海量的知识或内容创造者，因为海量的作者才创造了海量的内容，因为海量的内容才吸引了海量的用户，出版平台的核心是聚集海量的用户，用户成为平台型出版的核心竞争力。由以出版物产品为主导向以聚集海量用户为主导的经营方式变革，是平台型出版的基本要义之一。

基于以上分析，我们自然可以得知平台型出版的商业模式主要有三类：一类是阅文集团的原创文学网站付费阅读模式，网站的运营者创建或控制出版平台，通过汇聚海量作者和内容，通过汇聚海量读者付费阅读而实现营收，再通过经营海量内容的影视、游戏、动漫等周边延伸版权实现新营收，网络出版平台通过提取佣金、与作者分成方式实现盈利。一类是苹果公司的应用商店免费+付费下载阅读模式，苹果公司以智能终端iPhone、iPad为平台，让第三方应用程序开发者入驻应用商店，应用程序开发者可以是个人也可以是机构，实际上就是一个前端网络，应用程序开发者也可视为出版人，苹果公司通过提供总平台，构建了一个用户、开发者、苹果公司三方共赢的商业模式——用户购买应用程序所支付的费用由苹果公司与应用程序开发商分成。一类是中国知网的出版平台收取机构用户年度服务费、使用费模式，知网通过汇聚海量的第三方出版资源，以动态方式建立数据库、数字图书馆，将之提供给学校、科研机构或企业，机构付费而个人免费阅读或下载，此类模式适合封闭式或垄断式的出版平台。

当然，根据不同类型的出版平台还有更多的平台型出版商业模式，此不赘述。

总之，平台型出版将成为未来出版业的引领者，或者说，以出版物产品为主导的传统出版向以汇聚海量内容和用户群体为主导的平台型出版转型，将成为未来出版业的主流。此一变革，是出版历史的必然。

第十一章　古今全集出版小史

中国具有悠久的编纂个人文集的优秀传统。以人系文的编辑思想最早的集大成者是刘向、刘歆父子，其成果体现于《七略》与《汉书·艺文志》中。以此为开端，编辑个人文集的风习代代不废，以至于今。

一

西汉晚期，刘向、刘歆在整理、校勘、编纂当时朝廷所藏典籍时，对全部的简帛书籍篇章进行了系统的分类，将书籍内容分六类，即六艺略、诸子略、诗赋略、兵书略、术数略、方技略。六大类下分38小类，再具体统领596家。所谓家，包含作者和主题两层含义，但主要是指作者个人。以作者姓氏为书名，汇编单篇文章而成书籍，是刘氏父子对中国书籍史的一大贡献。综观六略，除少数以知识主题为分类命名书题者，大多数是以人名姓氏命名书名的。分类例举，可以明了汉代书籍编纂的以人命书的编辑特点。六艺中，《易经》13家，首列施、孟、梁氏三家《易经》，其下则以周氏、服氏、杨氏、蔡氏、韩氏、王氏、丁氏、京氏命名，仅《古杂》

80篇、《杂灾异》35篇、《神输》5篇依主题分类命名。其他如《尚书》类、《诗经》类、《礼》类、《乐》类、《春秋》类、《论语》类、《孝经》类、《小学》类，大体相类，不再赘述。六艺中仅《春秋》类例外，23家中有10家的书名命名或按主题，或按国别，或按纪年，此类魏晋之后独立为史部，具有特殊性。

"诸子略"包括儒家、道家、阴阳家、法家、名家、墨家、纵横家、杂家、农家、小说家10家，基本上是以作者姓氏命名书名的，只有个别"不知作者"按类命名，如《儒家言》18篇（书名下原注："不知作者。"）、《道家言》2篇、《杂阴阳》38篇、《法家言》2篇、《杂家言》1篇、《百家》139卷，仅此几例是因不知作者而独列书名的。"诗赋略"后世发展为集部，包括"屈原赋""陆贾赋""孙卿赋""杂赋""歌诗"5小类，前三类全部是以作者个人命名书名的，"杂赋"按内容主题分类命名，"歌诗"主要以地域编辑内容命名，兼及主题与作者个人。"兵书略"53家4小类：兵权谋、兵形势、兵阴阳、兵技巧。"兵权谋"全部以人命书，"兵形势"仅《楚兵法》7篇以地域命书，后两类29种仅有8种书以类命书。"术数略"与"方技略"魏晋后构成子部主体，类于现代的自然科学，多数是以知识主题分门别类的，共分天文、历谱、五行、蓍龟、杂占、形法、医经、经方、房中、神仙10类，此类图书很难对应具体作者，即便对应也多是托名。由对《汉书·艺文志》的统计分析，大致2/3的书籍是以作者姓名命名的，其规律基本是先列大类，再分小类，类下则汇编作者该类全部内容，进行校勘，删去重复，确定篇次，叙录并编制目录，最后形成一部个人文集汇编。这一突出作者编纂个人文集的编辑思想对后世影响很大，直接影响了后世书籍尤其是个人文集、总集或全集的编辑模式。

先秦两汉时期是中国书籍也是个人文集编纂总结的发轫期，传世至今的重要个人文集计有：《晏子》《孟子》《荀子》《陆贾》《贾谊》《董仲舒》《管子》《老子》《文子》《庄子》《列子》《孙子兵法》《商君书》《韩非子》《邓析子》《公孙龙子》《尹文子》《墨子》《吕氏春秋》《淮南子》《屈原赋》《宋玉赋》《尉缭子》等。严格说来，刘向、刘歆编辑的个人文集还不是完整意义的个人全集，他们依据大类再以人来分，有的作者在几个类别中均有作品，刘氏父子是将其分列的。如扬雄，在"六艺"中著录其有《训纂》1篇、《别字》13篇、《仓颉传》1篇、《扬雄仓颉训纂》1篇；在"诸子"儒家又著录《扬雄所序》38篇(《太玄》十九、《法言》十三、《乐》四、《箴》二)；"诗赋"中又著录《扬雄赋》12篇。此类现象尽管不多，主要是"诸子"与"诗赋"的分列，但我们仍可以看出刘氏父子实际上是将内容主题与作者个人两者并重而编辑著录的。

二

魏晋南北朝时期是中国书籍的定型期、成熟期。书籍材料由简帛逐步过渡到纸，书籍内容分类由六略逐步过渡到经、史、子、集四部和佛教典籍、道教典籍，史部著作和集部个人创作大幅度上升，而子部则相比之下渐趋衰落。这一时期最显著的书籍时尚是作者意识的觉醒，并由此而导致个人别集的流行。

东汉末年的战乱所造成的"白骨露于野"的景象，让人时时感慨生命的倏忽无常，人生苦短，"譬如朝露"，由此引发关于生命速朽与不朽的反思。最为典型的反思者是魏文帝曹丕。曹丕在《与王朗书》中说："生有七尺之形，死唯一棺之土，唯立德扬名，可以不朽，其次莫如著篇籍。"（《三国志·魏书·文帝纪》）建安二十二年（217）疾疫大起，建安七子中的徐幹、陈琳、应玚、刘桢俱卒于疫，曹丕十分伤感，将逝者之文"都为一集"，点评遗文，逐一评论，论徐幹时曰："著《中论》二十余篇，成一家之言，辞义典雅，足传于后，此子为不朽矣。"（曹丕《与吴质书》，见《文选》卷四十二）曹丕在其自著《典论·论文》中更明确表达文章不朽的观点，认为："盖文章经国之大业，不朽之盛事，年寿有时而尽，荣乐止乎其身，二者必至之常期，未若文章之无穷，是以古之作者，寄身于翰墨，见意于篇籍，不假良史之辞，不托飞驰之势，而声名自传于后。"身朽而文不朽的著作意识揭然，一时形成文士共识。作者个人文集之兴，也自此而始著。

魏晋南北朝时期是个人文集编纂的初兴期。其最为显著的目录学特征是书名均以"作者名＋集"的"某某集"形式命之。"以人名集"的著录方式和个人文章以此汇总行世传播的方式，是魏晋以来对作者著作意识觉醒的具体回应，自觉地编纂个人文集与西汉末刘向、刘歆编纂校勘前人文集的行为已经形成分野。如曹植即自编个人集，其序曰："余少而好赋，其所尚也，雅好慷慨，所著繁多，虽触类而作，然芜秽者众，故删定别撰，为《前录》七十八篇"，并"有手所作目录"。曹植去世后，魏明帝景初（237—239）年中诏"撰录植前后所著赋、颂、诗、铭、杂论，凡百余篇，副藏内外"。前者为自编，后者为官纂。又如《孔融集》的编纂，得到了魏文帝曹丕的全力推动：

> 魏文帝深好融文辞，每叹曰："扬、班俦也。"募天下有上融文章者，辄赏以金帛。所著诗、颂、碑文、论议、六言、策文、表、檄、教令、书记，凡二十五篇。（《后汉书·孔融传》）

又如《诸葛亮集》，为晋陈寿所编纂，在《三国志·蜀书·诸葛亮传》中收有陈寿奏书及《诸葛氏集目录》，奏称"辄删除复重，随类相从，凡为二十四篇，篇名如右"，"凡十万四千一百一十二字"。以此可见，官纂、自纂、他人编纂个人文集于魏晋，已蔚然成风。

魏晋以来之个人文集，《隋书》著录于集部，名之为"别集"，以区分于"楚辞"与"总集"。小序曰：

> 别集之名，盖汉东京之所创也。自灵均已降，属文之士众矣，然其志尚不同，风流殊别。后之君子，欲观其体势，而见其心灵，故别聚焉，名之为集。辞人景慕，并自记载，以成书部。年代迁徙，亦颇遗散。其高唱绝俗者，略皆具存，今依其先后，次之于此。

别集之名始于东汉，别集之实始于西汉。南朝梁萧绎在其《金楼子·立言》中曰："诸子兴于战国，文集盛于二汉，至家家有制，人人有集。"西汉之前无文集之名，但诸子散文之作品的汇集，实即诸子文集，只不过这一汇编的时间颇晚，是由西汉末年刘向、刘歆父子完成的。考察至此，我们已经渐渐清晰，诸子著作与两汉文章的区分是奠定后世文集、别集兴起的关键。

文章之兴，兴于西汉。明胡应麟《诗薮》曰：

> 西汉前无集名，文人或为史，或为子，或为经，或诗赋，各专所业终身。至东汉而铭、颂、疏、记之类，文章流派渐广，四者不足概之，故集之名始著。

因文立体，因体立名，诗赋不足以名，故名之为"集"。清章学诚更进一步辨明经、诸子、文章之间的递进：

> 周衰文弊，六艺道息，而诸子争鸣。盖至战国而文章之变尽，至战国而著述之事专，至战国而后世之文体备。故论文于战国，而升降盛衰之故可知也。
>
> 后世之文，其体皆备于战国。何谓也？曰子史衰而文集之体盛，著作衰而辞章之学兴。文集者，辞章不专家，而萃聚文墨以为蛇龙之菹也。（章学诚《文史通义》卷一《诗教上》）

以六经为主体的经书的编纂定型，标志着中国经典著作走向巅峰，而传经之道的观点、观念与方法的分歧与分裂导致传道团体的分流，百家争鸣导致以"博明万事"为己任的诸子分立，诸子以无韵散文为著述主体。诗、赋继承《诗经》而文体独立，记史言事而成"述"体散文，"适辨一理"而为"论"体，等等，不一而论。但至汉代，随着社会政治、经济、文化的繁荣跌宕，社会管理日益复杂，新的文体适时而生，更因汉武帝"罢黜百家，独尊儒术"后诸子之学失去门生无人可传而随之衰落，言情言志，新的韵文、散文遂渐趋繁兴。章学诚总结文集之兴时又说：

> 两汉文章渐富，为著作之始衰。然贾生奏议，编入《新书》，相如辞赋，但记篇目，皆成一家之言，与诸子未甚相远，初未尝有汇次诸体、裒焉而为文集者也。自东京以降，迄乎建安、黄初之间，文集繁矣。然范、陈二史所次文士诸传，识其文笔，皆云所著诗、赋、碑、箴、颂、诔若干篇，而不云文集若干卷，则文集之实已具，而文集之名犹未立也。（章学诚《文史通义》卷三《文集》）

在这里，章学诚明确提出"两汉文章渐富，为著作之始衰"。但反之，也是因儒术尊诸子衰而文章富文集兴。

事实上，《后汉书》《三国志》在叙述个人著述成就时是将文辞与经、史、子著述并列著录的，并先经、史、子而后文辞（集）。

据郭英德《〈后汉书〉列传著录文体考述》考证，《后汉书》中"兼著经、史、子和文辞的有15人，其中13人著述的著录次序，都是先经、史、子著述，后文辞著述；仅有胡广、刘珍二人著述的著录次序，先文辞著述，后经、史、子著述"。兹举三例以证之：

（贾）逵所著经传义诂及论难百余万言，又作诗、颂、诔、书、连珠、酒令凡九篇，学者宗之，后世称为通儒。

（卫）宏作《汉旧仪》四篇，以载西京杂事。又著赋、颂、诔七首，皆传于世。

（刘珍）著诔、颂、连珠凡七篇。又撰《释名》三十篇，以辩万物之称号云。

范晔《后汉书》将集部独立，并与经、史、子部著述并列之举，反映了南朝刘宋时期四部分类法已深入士心，多得共识，同时也可视为个人"文辞"已很繁复，文辞地位大为提高。汇而别集，已呼之欲出。

两汉文辞之丰富，实为个人文集编纂之先决条件。尤其是东汉时期，后世文辞文体大体已备。郭英德据《后汉书》著录传主文辞著述的48条传记资料，统计共著录44种文体：

诗、赋、碑（含碑文）、诔、颂、铭、赞、箴、答（含应讯、问）、吊、哀辞、祝文（含祷文、祠、荐）、注、章、表、奏（含奏事、上疏）、笺（含笺记）、记、论、议、教（含条教）、令、策（含对策、策文)、书、文、檄、谒文、辩疑、诫述、志、说、书记说、官录说、自序、连珠、酒令、六言、七言、琴歌、别字、歌诗、嘲、遗令、杂文。(郭英德《〈后汉书〉列传著录文体考述》,收《中国古代文体学论稿》中)

以上文体,构成后世个人文集之主体。

魏晋南北朝时期所编纂的前代文集和当代文集,集中著录于《隋书·经籍志》,据统计,著录别集437部,4 381卷;统计亡书合886部,8 126卷。其中战国2部、两汉52部,亡书51部,共105部。三国29部,亡书35部,共计64部。两晋156部,亡书221部,共377部。南朝179部,亡书167部,共346部。北朝共19部,其中北魏8部、北齐3部、北周8部。隋代18部并在统计之列。与刘向、刘歆父子编纂诸子时注重搜罗作者全部著作所不同的是,魏晋南北朝时期的个人文集或者别集更偏重于作者的文辞之作,这一分野虽自刘氏父子始,但这一时期经、史、子、集的图书分类法则降低了个人总集的编纂而更加注重书籍本身类别的归属,别集虽兴,而个人总集则降,这是不得不注意的这个时代的特点。

三

隋唐五代时期,随着经史子集四部书籍著录分类法确立并广泛应用,这一时期的文集以别集之名总汇于集部。现知隋唐五代时期文集存世或亡佚情况,主要集中于《旧唐书·经籍志》《新唐书·艺文志》《宋史·艺文志》。《新唐书》之别集著录736家750部,其中隋34家34部,唐五代513家573部。两唐书的作者撰写艺文志时均是以开元年间殷践猷所修《群书四部录》(200卷)和毋煚节略《古今书录》(40卷)为蓝本,五代刘昫撰《旧唐书·经籍志》时删《古今书录》为4卷,其断代时间至开元九年,北宋欧阳修等修《唐书·艺文志》时对开元年间之后的唐人著述进行了大幅补充,尤其是别集补充最多,据统计增427家452部。

唐五代别集实际数量应更多:

> 胡震亨《唐音癸签》卷三〇"集录"仅据两《唐书》及《宋史》之经籍艺文志、《通志·艺文略》《遂初堂书目》《郡斋读书志》《直斋书录解题》《文献通考》数书,集当时"唐人集见载籍可采据者","校除重复,参合有无",整理出一个691家、8292卷的唐五代别集书目,比《新志》所载多出178家。
>
> 《唐研究》第1卷陈尚君《〈新唐书·艺文志〉补》,补录唐作者406家,别集446部,使今知有别集的唐代作家达到900余人,集983部,加上五代十国别集,约有1100部。(陶敏、李一飞《隋唐五代文学史料学》)

隋唐五代别集之盛超过魏晋南北朝时期,并呈现出新的编纂特点。

首先，别集内容仅收诗文，经、史、子类著作概不入集。以《旧唐书·文苑列传》为例：

蔡允恭，"有集十卷，又撰《后梁春秋》十卷"。

杜易简，"颇善著述，撰《御史台杂注》五卷，文集二十卷，行于代"。

王勃，"文章迈捷，下笔则成，尤好著书，撰《周易发挥》五卷及《次论》等书数部，勃亡后，并多遗失。有文集三十卷。勃聪警绝众，于推步历算尤精，尝作《大唐千岁历》"。

再以《旧唐书·隐逸列传》为例：

白履忠，"著《三玄精辩论》一卷，注《老子》及《黄庭内景经》，有文集十卷"。

又如王绩著述，吕才在《王无功文集序》中说：

君所著诗赋杂文二十余卷，多并散逸，鸠访未毕，且编成五卷。君又著《隋书》五十卷未就，君第四兄太原令凝续成之。君又著《会心高士传》五卷，并《酒经》《酒谱》二卷及注《老子》，并别成一家，不列于集云。

又如元稹、白居易，据其本传，均是将文集与史部类书分别叙述的：

> 元稹，"所著诗赋、诏册、铭诔、论议等杂文一百卷，别曰《元氏长庆集》。又著古今刑政书三百卷，号《类集》，并行于代"。
>
> 白居易，"有文集七十五卷，《经史事类》三十卷，并行于世"。

将文集与史部著作分别著录的还有韩愈，《新唐书·艺文志》经部著录"韩愈注《论语》十卷"，史部著录"《顺宗实录》五卷，韩愈、沈传师、宇文籍撰，李吉甫修"，集部又著录"《韩愈集》四十卷"。将文集与经、史、子部著作分别著录之例颇多，不一一赘录。将个人著作分别著录于经史子集四部的编辑思想，应是隋唐五代时期不同类别的图书分别行世的通例。

其次，自编文集，渐成风尚。隋开国不久，文帝杨坚即"敕令（李德林）撰录作相时文翰，勒成五卷，谓之《霸朝杂集》"。李德林自编自选"檄书露板，及以诸文"，并自序其书，言称："前奉敕旨，集纳麓已还，至于受命文笔，当时制述，条目甚多，今日收撰，略为五卷云尔。"此书不传于世。《隋书》称李德林"所撰文集，勒成八十卷，遭乱亡失，见五十卷行于世"。李德林奉命自编个人文集实开隋代生前自编别集之先例。在隋代，自编文集的动因来自外部的事例还有王贞。王贞字孝逸，陈留人，善属文辞，隋炀帝时齐王杨暕守江都，召王贞并"索文集"，王贞即自编文集"成三十三卷"。此书亦不传于后世。

初唐沿隋习，虽然自编文集已开先例，但并未形成风气，直到盛唐，延请他人编纂文集或后人编纂前人文集仍居于主流地位。中唐以来，自编文集渐成风尚，尤其是到了晚唐，自编文集的现象已是司空见惯。

颜真卿是唐代自编文集的先行者。颜氏生于盛唐、中唐初年，安史之乱后，他每官一地，即自编或命门生编自己所官之地、时的文章为一别集。据令狐峘《颜鲁公神道碑》记载：

> 为吉州别驾时，与往来词客诗酒讲论，为乐甚，有所著，编为《庐陵集》十卷。大历三年迁抚州刺史，接遇才人，耽嗜文卷，未尝暂废，因命在州秀才左辅元编次所赋为《临川集》十卷。
>
> 七年拜湖州刺史，……饯别之文及词客唱和之作，又为《吴兴集》十卷。代宗晏驾为礼仪使，前后所制仪注，令门生左辅元编为《礼仪集》十卷。

与颜真卿同时代的元结，有《文编》《后集》《元子》三书，"皆自为之序"。其《文编》自序云：

> 天宝十二年（753）漫叟以进士获荐，名在礼部。会有司考校旧文，作《文编》，纳于有司。……叟在此

州,今五年矣,地偏事简,得以文史自娱,乃次第近作,合于旧编,凡二百三首,分为十卷,复命同《文编》示门人弟子,可传之于筐箧耳。

元结自编文集,两次结集,天宝十二载(753)初编,大历十二年(767)编辑定稿,可见其自视其珍。

安史之乱,两京板荡,所藏书籍,多荡然无存。也许受此影响,盛唐之后,文人生前多自编文集,甚至分藏多处,以防散佚,这种重视个人文集流传的现象越来越普遍。生前自编文集比较著名者有权德舆、刘禹锡、李贺、元稹、白居易、李绅、李群玉、孙樵、皮日休、陆龟蒙、李德裕、司空图、贯休等。

传世意识最强、自编别集用力最勤、传播效果最好的当属中唐时期的白居易。元和十年(815)白居易在江州时将自己的讽喻诗、闲适诗、感伤诗、杂律诗共750余首编成一部15卷的诗集,这是白居易自编的最早诗集。其后,长庆四年(824)元稹将其2 191首诗编为50卷,题为《白氏长庆集》,这是白居易作品第一次由他人结集。太和二年(828)白居易又手编续集,其自序曰:

前三年,元微之为予编次文集而叙之,凡五帙,每帙十卷,讫长庆四年冬,号《白氏长庆集》。迩来复有格诗、律诗、碑志、序记、表赞,以类相附,合为卷轴,又从五十一以降,卷而第之。

太和九年（835），白氏又将"前后所著文大小合二千九百六十四首，勒成六十卷"，存于庐山东林寺，名为《白氏文集》。开成元年（836）又续编为65卷，收诗3 255首，仍题名《白氏文集》，存于洛阳圣善寺钵塔院。开成四年（839）又自续编为67卷，收诗3 487首，存于苏州禅林寺。会昌五年（845），白氏自编75卷本《白氏文集》，此为最后一次结集。其自序《白氏集后记》云：

> 白氏前著《长庆集》五十卷，元微之为序；后集二十卷，自为序；今又续后集五卷，自为记。前后七十五卷，诗笔大小凡三千八百四十首。集有五本：一本在庐山东林寺经藏院；一本在苏州禅林寺经藏内；一本在东都圣善寺钵塔院律库楼；一本付侄龟郎；一本付外孙谈阁童，各藏于家，传于后。其日本、新罗诸国及两京人家传写者，不在此记。

这是白氏对其一生文集编纂过程的总结，其用心之苦，跃然纸上。

其三，文人雅士身后结纂诗文别集，几成惯例。入唐以来，文人去世后，或遵遗嘱、或奉敕命、或受托命、或敬仰慕名，或友人、或家人、或门生、或故交编纂他人先人别集，渐成风尚。唐人别集，除少部分为自编外，大部分都是他人结纂的。

依时间先后，略举数例。如王绩《东皋子集》，为"其友吕才鸠访遗文编成五卷为之序"。如王勃《王子安集》为其友人杨炯所编，其序云："君平生属文，岁时不倦，缀其存者，才数百篇"，"分为二十卷，具诸篇目。"骆宾王的文集，乃郗云卿奉敕而编，郗氏在《骆宾王文集序》中称，骆宾王在文明年间：

> 与嗣业于广陵共谋起兵，兵事既不捷，因致逃遁，遂致文集悉既散失。后中宗朝，降敕搜访宾王诗笔，令云卿集焉，所载者即当时之遗漏，凡十卷。此集并是家藏者，亦足传诸好事。

王维集，也可视为奉敕而编，编者是王维弟王缙。《旧唐书·王维传》载：

> 代宗时，缙为宰相。代宗好文，常谓缙曰："卿之伯氏，天宝中诗名冠代，朕尝于诸王座闻其乐章，今有多少文集，卿可进来。"缙曰："臣兄开元中诗百千余篇，天宝事后，十不存一。比于中外亲故内，相与编缀，都得四百余篇。"翌日上之，帝优诏褒赏。

还有朝官奉朝廷某一部门之命编纂他人文集的情况，如朝议郎大夫守湖州刺史于頔应集贤殿御书院之命，在当地搜集编纂皎然诗集，于頔序中称：

> 贞元壬申岁（792），余分刺吴兴之明年，集贤殿御书院有命征其文集，余遂采而编之，得诗笔五百四十六首，分为十卷，纳于延阁书府，上人以余尝著诗述论前代之诗，遂托余以集序，辞不获已，略志其变。

也有诗人文士生前托好友编纂自己文集的，最有名的例子是诗人李白，其生前即托魏颢、李阳冰编纂文集。魏颢《李翰林集序》云：

> 颢平生自负，人或为狂，白相见泯合，有赠之作，谓余尔后必著大名于天下，无忘老夫与明月奴。因尽出其文，命颢为集。

宝应元年（762）李白拜见宣州当涂令李阳冰，去世前将自己随身携带的手稿授予李阳冰，嘱其为序。李阳冰编《草堂集》20卷，并序云："自中原有事，公避地八年，当时著述，十丧其九，今仍存者，皆得之他人焉。"由此可见，李白所携已不是自己的全部手稿。

杜甫文集在其去世后有两个版本流传，一是正集60卷本，一是小集6卷本。《旧唐书·杜甫传》称"甫有集六十卷"。当时润州刺吏樊晃所编《小集》6卷，也流行于世。樊晃序称：

> 文集六十卷，行于江汉之南，常蓄东游之志，竟不

就。属时方用武，斯文将坠，故不为东人之所知。江左词人所传诵者，皆公之戏题剧论耳，曾不知君有大雅之作，当今一人而已。今采其遗文，凡二百九十篇，各以事类，分为六卷，且行于江左。君有子宗文、宗武，近知所在，漂寓江陵，冀求其正集，续当论次云。

杜集 60 卷本唐时已散佚，元稹、白居易所得杜诗千余篇已不是完帙，至宋初杜集仅为 20 卷。

门生编纂先师遗著，唐时已是普遍现象。如独孤及《毗陵集》乃门生梁肃"缀其遗草三百篇，为二十卷，以示后嗣"。韩愈文集《昌黎先生集》为其门生李汉编辑，长庆四年（824）韩氏刚去世，其门生即编其诗文集为 41 卷：

> 赋四、古诗二百一十、联句十一、律一百六十、杂著六十五、书启序九十六、哀辞祭文三十九、碑志七十六、笔砚鳄鱼文三、表状五十二，总七百，并目录合为四十一卷，目为《昌黎先生集》传于代。

此本一直流传至宋，并有多种刊本行世。

为友人编纂文集最多也最著名的是刘禹锡。元和十五年（820），刘禹锡受吕温儿子所托编《吕衡州集》10 卷，刘氏撰《唐故衡州刺史吕君集纪》云：

四十而没，后十年，其子安衡泣捧遗草来谒，咨余紬之，成一家言，凡二百篇，勒成十卷。

长庆四年（824），刘禹锡受柳宗元遗托编成《柳宗元集》30卷。据刘氏《唐故尚书礼部员外郎柳君集纪》云：

（柳宗元）病且革，留书抵其友中山刘某曰："我不幸，卒以谪死，以遗草累故人。"某执书以泣，遂编次为三十通，行于世。

太和七年（833），刘氏编纂《李绛集》20卷，据《唐故相国李公纪集》称：

后三年，嗣子前京兆府户曹掾璆、次子前监察御史里行顼等，泣持遗草请编之。肇自从试有司，至于宰天下，辞赋、诏诰、封章、启事、歌诗、赠钱、金石、飏功，凡四百余编，勒成二十卷。

开成二年（837），刘氏又编定其友人集《令狐楚集》，刘氏撰《唐故相国赠司空令狐公集纪》叙编纂过程云：

嗣子左补阙绚集公之文，成一百三十卷，因长子太子左谕德弘分司东都，负其笥来谒，泣曰："先正司空与丈人为显交,撤瑟之前五日,所赋诗寄友,非他人也。今手泽尚存。"言之呜咽长号,予为之恸,收泪而视,分当编次之。

刘氏前后四次为友人编纂文集,并又自编与李德裕唱和集《吴蜀集》、与令狐楚唱和集《彭阳唱和集》、与白居易唱和集《汝洛集》,其热心之甚,令人抚案而叹。

总体说来,唐人别集的编纂已呈自觉状况。文士生前自编,身后友人、门生、家人编纂其遗文成集,以求垂之久远,播之四方,已经成为隋唐五代时期的文化风尚。

四

北宋重新统一中国后,偃武崇文,重视教育,大兴科举,给予士大夫通畅的上升通道和优越的物质生活条件。南宋尽管偏安,但一仍北宋之国策,文化依然十分发达,人文精神依然富于创造性。同时,两宋经济达到了前所未有的发展高度,商业经济明显超迈前朝,科学技术屡有巨创,尤其是雕版印刷业长盛不衰,直接推动了书籍大量的生产。两宋文集,作为书籍帝国里的重要组成部分,无论是创作数量,还是编纂呈现方式以及传播方式等,都呈现出了新的历史特点。

据《宋史·艺文志》著录宋人别集总计651家,据刘琳、沈治宏的《现存宋人著述总录》著录宋人别集615家，据四川大学古籍整理研究所《现存宋人别集版本目录》著录739家，"其中诗集、文集、诗文（词）合集的作者六百三十二人，仅有词集的作者一百零七人"。见于各种著录、有文献可考的宋人文集约在2 500家以上。创作并编纂成书的别集数量远远不止这个数字，宋人文集之盛，由此可见一斑。

宋人别集的编纂继承了唐五代时期的诸多传统，如文集的编纂依然是自编和他编两种主要形式，宋人文集自编现象更加普遍。同时，文集依然是与经、史、子部著作分别著录的，这一分离折射出宋人对唐人将别集限于诗文这一传统的高度认可。随着社会的发展、技术的进步，宋人别集在编纂和传播上也明显地呈现出新的特点，概括起来共有五点，值得进一步深究。

第一个特点是，一人多集的现象越来越多。自中晚唐始，一人编纂多部文集的现象开始出现，但此类现象尚不普及，见于《宋史·艺文志》记载并比较重要的作者有李德裕、谢璧、杨夔、温庭筠、顾云、韩愈、李商隐、皮日休、罗隐、冯道、和凝等人。入宋之后，一人多集现象逐渐增多，按不同文体编纂成集，按不同时间、不同为官之地编纂不同别集也屡见不鲜，尤其是他人所编，时有跟踪作者创作而随时编纂刊行者。据《宋史·艺文志》举例所言，宋初王禹偁有《小畜集》3卷，又有《外集》20卷、《承明集》10卷、《别集》16卷；丁谓有《丁谓集》8卷，又有《虎丘集》50卷、《刀笔集》2卷、《青衿集》3卷、《知命集》1卷；宋祁有《宋祁集》150卷，又有《濡削》1卷、《刀笔集》20卷、《西川猥藳》3卷；杨亿有《蓬山集》54卷，又有《武夷新编集》20卷、《颍阴集》20卷、《刀笔集》20卷、《别集》12卷、《汝阳杂编》20卷、《銮坡遗札》12卷。按文体编纂别集并单独成书刊印的出版现象在北宋时期已经成为文化时尚。如范仲淹有《别集》4卷行世，又有《尺牍》2卷、《奏议》15卷单独成书；如欧阳修有《欧阳修集》50卷、《别集》20卷综合性文集成书行世，又有《奏议》18卷、《内外制集》单独刊行；苏辙有综合性文集《栾城集》84卷，又有《应诏集》10卷、《策论》10卷。一人多集最典型的是苏轼、周必大。《宋史·艺文志》著录的苏轼别集14种，分别是《苏轼前后集》70卷、《奏议》15卷、《补遗》3卷、《南征集》1卷、《词》1卷、《南省说书》1卷、《应诏集》10卷、《内外制》13卷、《别集》46卷、《黄州集》2卷、《续集》2卷、《和陶诗》4卷、《北归集》6卷、《儋耳手泽》1卷。《宋史》著录周必大别集13种，分别是《词科旧藳》7卷、《玉堂类藳》20卷、《政府应制藳》1卷、《历官表奏》12卷、《省斋文藳》40卷、《别藳》10卷、《平园续藳》40卷、《承明集》10卷、《奏议》12卷、《杂著述》23卷、《书藳》15卷、《附录》5卷。宋人著述之盛，超过唐代。

　　将一人多种文集、诗集、词集合为一集，或径直命名"集""全集""大全集"的编纂、刊印方式越来越多，这是宋人别集编纂的第二个重要特点。如一代文豪欧阳修著述颇多，他曾著《五代史记》，又领衔主编《新唐书》，又撰《牡丹芍药花品》7卷、《集古录》《内制集》等多种文集，这些文集在其生前身后曾以不同版本行世。影响较大的有《欧阳文忠公集》80卷本（见《郡斋读书志》卷十九)、《庐陵欧阳先生集》61卷本(见《郡斋读书志》卷五下)、《欧阳修集》50卷本(见《宋史·艺文志》)等,据称汴州、闽州以及绵州、吉州、苏州、衢州、杭州都有刻本行世。南宋光宗绍熙年间、宁宗庆元年间周必大遍搜欧阳氏旧本,重新校订,刻印《欧阳文忠公集》153卷,此本即是欧阳修文集的汇刊,包括《居士集》50卷、《外集》25卷、《易童子问》3卷、《外制集》3卷、《内制集》8卷、《表奏书启四六集》7卷、《奏议集》18卷、《杂著述》19卷、《集古录跋尾》10卷、《书简》10卷,另附《附录》5卷、《庐陵欧阳文忠公年谱》1卷。这一汇刻本影响较大,以后历代均有翻刻。明嘉靖三十四年(1555)陈珊翻刻时甚至直接题名为《欧阳文忠公全集》。又如苏辙集,也曾别本刻印行世,书商又合刊而成所谓"大全文集"。苏辙别集有《栾城集》前集50卷、后集24卷、三集10卷、《应诏集》12卷,以及《策论》10卷、《均阳杂著》1卷等。其中,《栾城集》在宋至少有三个刻本行世,至今均有传世。题名分别为《苏文定公文集》《栾城集》,并有一部题为《类编增广颍滨先生大全文集》(137卷本),此本也是苏辙文集的汇刊本。与此相类的是南宋乾道间麻沙镇水南刘仲吉宅刻黄庭坚文集,题名为《类编增广山谷先生大全文集》(50卷)。北京大学图书馆藏本题名为《类编增广黄先生大全文集》50卷,书名略异,但性质实一。南宋文人对结集所谓"大全集"更为热心,如周必大的文集多达200卷,其去世不久家人即组织全部刻印刊行于世,《宋人别集叙录》记述颇详:

（周氏）著书多达八十一种。李壁《行状》列举《省斋文藁》四十卷、《平园续藁》四十卷、《省斋别藁》十卷等凡二十五种。楼钥《神道碑》称有《省斋文藁》《别稿》《平园续藁》《掖垣类藁》等等"总二百卷藏于家"，目繁，此不具录。各集多为作者手编，《词科旧藁》《掖垣类藁》《玉堂类藁》《玉堂杂记》有自序，部分生前已单行。作者逝世后，其子纶与门客曾三异等依《欧阳文忠公集》体例校刻于家。《省斋文藁》又请陆游作序，《平园续藁》则由徐谊序之。二百卷本乃丛刻，即所谓"大全集"。

至南宋，标榜"大全集"者不乏其人。又如刘克庄，号后村，其作品流布海内，人人传写，曾刊《后村居士集》，此为"前集"，后又有《后集》《续集》《新集》。林希逸咸淳六年（1270）作《大全集序》中说："积二十年，共成《后》《续》《新》三集，今此书流传遍江左矣。"刘氏诸集，在其身后由其季子刘山甫汇为《后村先生大全集》196卷目录4卷。林希逸在序中云："取先生四集合为一部而汇聚之，名以'大全'，共二百本。"

多人文集汇刊，别集类丛书兴起，是宋代别集编纂与传播的第三个特点。宋代因印刷术的广泛应用而兴起一种新的出版类别，即雕版印刷。五代时期所雕印的《九经》可视为国家雕印出版丛书的发端。其后，北宋时期所雕印的《十三经注疏》《七史》《二十一史》《武经七书》《开宝藏》《政和道藏》等均可视为丛书出版的巨制。集部中的《三孔清江文集》《三苏先生文集》《三苏先生文粹》《苏门六君子文粹》《两宋名贤小集》《南宋六十家小集》《南宋群贤小集》等丛书尤为知名。而综合类的丛书《儒学警悟》《百川学海》则常被后世学者视为丛书出版的鼻祖。《儒学警悟》(6种41卷)由俞鼎孙、俞经编定,刊印于南宋嘉泰元年(1201)。《百川学海》(100种177卷)由左圭编辑,刊印于南宋咸淳九年(1273),其雕印时间远远晚于五代时期雕版印行的《九经》。但后人却将《儒学警悟》视为丛书之鼻祖,最主要的原因是对丛书有不同的定义。姚名达认为,可将《儒学警悟》视为"杂书"汇刊的首例,"俞鼎孙之地位,则汇刊杂书为一丛集之第一人耳",但丛书的由来,实始于上古。姚名达认为,"《诗》《书》者,上古之丛书也","四经三礼,除《春秋》自有线索,《周礼》组织甚密外,其余皆为丛书","先秦遗存之书多属丛书"。其后,《熹平石经》中的"五经",隋唐《藏经》皆可视为丛书。从书籍的史角度来看,我们认为姚名达所论是符合丛书性质的。所谓丛书,是将两本以上不同内容、首尾完整的文本丛编到一起,并以不同的载体介质传播的一种编纂或出版形式。丛书不同于类书,类书打乱了原书的体例,将众书分拆而按新的类别重新组织,而丛书则不同,丛书是将多种原书中内容旨意相近者汇编到一起,不改变原书体例的面貌。据此理解,有学者统计,宋代出版的丛书约有60多种,其中集部近30种。

丛书不同于类书,也不同于集部的总集类书籍。总集的分类十分庞杂,有按文体分的,如《宋大诏令集》《百家词》《分门纂类唐宋时贤千家诗选》;有按地域分的,如《江西宗派诗集》《会稽掇英总集》《南岳唱酬集》；有按时代分的，如《圣宋文海》《国朝诸臣奏议》《两宋名贤小集》；有按身份分的，如《九僧诗集》《增广圣宋高僧诗选》，以及女性文选诗选；有不同类别的唱和集，如《西昆酬唱集》《同文馆唱和诗》《坡门酬唱集》；有综合性的，如《文选》《皇朝文鉴》《圣宋文选全集》，等等。总集追求的重点是内容类别的一致性，如以文体分类，赋、诗、词是不能互混的；如是文选，则可综合，但其内部文体又是一致的。总集与全集的分野也是十分明显的，总集大多是选本，而全集则务求穷尽。根据以上的理解，两宋编纂出版的别集丛书主要有：《沈氏三先生文集》61卷，包括沈遘撰《西溪文集》10卷、沈括撰《长兴集》41卷、沈辽撰《云巢集》10卷；《河南程氏文集》12卷，包括程颢撰《明道文集》4卷、程颐撰《伊川文集》8卷；《清江三孔集》40卷，包括孔文仲撰《舍人集》2卷、孔武仲撰《宗伯集》17卷、孔平仲撰《朝散集》21卷；《永嘉四灵诗集》8卷，包括徐照撰《徐照集》3卷、徐玑撰《徐玑集》2卷、翁卷撰《翁卷集》1卷、赵师秀撰《赵师秀集》2卷；《南宋群贤六十家小集》；《江湖后集》24卷等。而最为著名的当属苏氏合集，计有《重广眉山三苏文集》80卷、《三苏先生文粹》70卷、游孝恭编《标题三苏文》62卷、《重广分门三苏先生文粹》100卷、吕祖谦编《东莱标注三苏文集》59卷、郎晔编《经进三苏文集事略》100卷、《苏门六君子文粹》70卷等。

将个人别集付诸雕版印刷以求广泛传播并垂之久远，这是宋人作者共同的愿望，大量出版别集是宋代别集有别于前代的最大特点。别集的雕印出版最早可追溯到五代，但真正大规模出版别集是在两宋。前蜀乾德五年（923），昙域在成都刻印贯休著《禅月集》，此本是中国最早的别集刻本之一。后周和凝（898—955）"有集百卷，自篆于版，模印数百帙，分惠于人"，此应是中国最早的自刻别集。南唐昇元四年（940）刻印的《绮庄集》是五代时期为数不多的个人诗集雕印出版书籍之一。进入宋代，随着雕版技术的成熟与广泛应用，雕印出版别集数量大增。两宋雕印出版别集，主要表现在两个方面：一个方面是注重搜集、整理、重编、刻印前代别集；另一个方面是注重当代别集的雕印出版。

宋人对雕版印刷的认识十分深刻，鉴于唐代文献经过安史之乱、黄巢起义的两次大规模荡涤，大多数存于两京的书籍毁于兵火，因此宋人十分重视搜集前代著作并将其雕版印刷。汉魏南北朝所存文集只有三四十家，唐人文集存世的有300多家，总计不超过400家。据李致忠研究，这300多家文集"两宋时几乎都曾刻印出版"。李氏云：

> 汉魏六朝时代的别集，现知宋代广德军刻印出版过扬雄的《二十四箴》；天圣元年（1023）刻印出版过蔡邕的《蔡中郎集》；元丰五年（1082）万玉堂刻印出版过曹植的《曹子建集》，嘉定六年（1213）又重行出版过此集；庆元六年（1200）徐民瞻在华亭县学刻印出版过晋陆士衡、陆士龙的《二俊文集》，其中《陆士龙文集》十卷迄今仍藏在中国国家图书馆。（李致忠《中国

出版通史·宋辽西夏金元卷》）

此外，《陶靖节先生集》10卷、《鲍照集》10卷、《谢宣城诗集》5卷、《昭明太子集》5卷、《江文通集》10卷等均是在两宋时期整理出版的。

唐五代别集共300多家，两宋公私雕印，几乎全部出版。据《唐集叙录》，择其重要者有：《骆宾王文集》、南宋麻沙本《王右丞文集》10卷、临安府棚北大街睦亲坊南陈宅刊印《常建诗集》2卷、宋敏求嘉祐刊《颜鲁公集》15卷、《孟襄阳集》3卷、元丰三年（1080）临川晏知止于苏州刊《李白集》30卷、熙宁九年（1076）苏州刊《韦苏州集》10卷、《岑嘉州集》4卷、台州刻本《李嘉祐集》1卷、乾道陆游刊《高常侍集》、嘉祐四年（1059）王琪在苏州刻《杜甫集》、南宋书棚本《王建诗集》10卷、穆修刻《昌黎先生集》40卷、李石刊《河东先生集》、宋刊《刘宾客集》、宋敏求刻《孟东野诗集》10卷、宋刻《张司业集》8卷、宋刻《李贺歌诗》、宣和甲辰（1124）建安刘麟刻《元氏长庆集》、何友谅刻《白氏文集》、宋刻《李义山集》等。宋刻唐人文集，因宋人搜集整理的篇目不同，所刻唐人文集往往不止一个版本，韩愈、柳宗元的版本最多，据李致忠称："宋人喜韩、柳文，故两者板刻最多，韩集竟多至28个版本。"

宋人不仅重视刻印前人别集，更重视当代别集的出版。两宋立国320年，自著诗文集约1 500种，"当时多镂版印行"。至今存世的宋人诗词文集作者有739人，其中"可考知的宋刻宋人诗文集大约有 155 种，单刻词集也有 10 余家"。据《现存宋人别集版本目录》一书，宋刻宋人别集知名者主要有：绍兴十九年（1149）明州公库刻徐铉《徐公文集》30 卷；福州开元寺刻宋太宗《御制逍遥咏》11 卷；咸淳五年崇阳县斋刻张咏《乖崖先生文集》12 卷附录 1 卷；绍兴十七年（1147）黄州刻王禹偁《王黄州小畜集》30 卷；宋刻林逋《和靖先生诗集》；绍定元年严陵郡斋刻魏野《钜鹿东观集》10 卷；宋刻释重显《庆元府雪窦明觉大师祖英集》2 卷《瀑泉集》1 卷、《雪窦显和尚明觉大师颂古集》1 卷《拈古》1 卷；乾道间刻范仲淹《范文正公集》20 卷；宋祁《景文宋公集》；郭祥正《青山集》30 卷；绍兴十年（1140）宛陵郡守汪伯彦刻梅尧臣《宛陵先生文集》60 卷；张方平《乐全先生文集》40 卷；庆元二年（1196）周必大刻欧阳修《欧阳文忠公集》153 卷；景定元年陈仁玉刻赵抃《赵清献公文集》16 卷；绍兴四年（1134）吴炎刻苏洵《东莱标注老泉先生文集》12 卷；蔡襄《莆阳居士蔡公文集》36 卷；陈襄《古灵先生文集》25 卷；周敦颐《元公周先生濂溪集》12 卷；司马光《温国文正公文集》80 卷；曾巩《元丰类稿》；绍兴二十一年（1151）两浙西路转运司王钰刻《临川先生文集》100 卷目录 2 卷；沈括《沈氏三先生文集》；绍兴十三年（1143）无为军刻杨杰《无为集》15 卷；韦骧《钱塘韦先生文集》20 卷；苏轼《东坡集》40 卷（另有 16 个不同版本）；苏辙《苏文定公文集》50 卷《后集》24 卷；释道潜《参寥子诗集》12 卷；乾道麻沙镇水南刘吉宅刻黄庭坚《类编增广黄先生大全文集》50 卷；乾道九年（1173）高邮军学刻秦观《淮海集》40 卷《后集》6 卷《长短句》

3卷；陈师道《后山居士文集》20卷；谢薖《谢幼槃文集》10卷；周邦彦《详注周美成词片玉集》10卷；唐庚《唐先生文集》20卷；孙觌《孙尚书大全文集》57卷；李纲《梁谿先生文集》180卷；宋庆元五年（1199）黄汝嘉刻吕本中《东莱先生诗集》20卷《外集》3卷；张九成《横浦先生文集》20卷；宋抚州刻葛立方《侍郎葛公归愚集》20卷；林之奇《拙斋文集》20卷；宋蜀刻洪适《盘洲文集》80卷；宋嘉定十三年（1220）陆子遹溧阳学宫刻陆游《渭南文集》50卷；宋淳熙十四年严州郡斋刻陆游《新刊剑南诗稿》20卷；宋刻《放翁先生剑南诗稿》67卷；宋开禧二年（1206）周必大《周益文忠公集》200卷；宋淳熙、绍熙递刻杨万里《诚斋先生江湖集》14卷、《荆溪集》10卷、《西归集》4卷、《南海集》8卷、《江西道院集》5卷、《朝天续集》8卷、《退休集》14卷；宋淳熙间刻《诚斋先生南海集》8卷；宋端平初年刻《诚斋集》133卷、《目录》4卷；宋淳祐三年（1243）王旦刻王阮《义丰文集》1卷；宋宁宗间浙江刻朱熹《晦庵先生文集》100卷、《目录》2卷；南宋四明楼氏家刻楼钥《攻媿先生文集》120卷；宋嘉泰四年（1204）吕乔年刻吕祖谦《东莱吕太史文集》15卷、《别集》16卷、《外集》5卷、《丽泽论说集录》10卷、《附录》3卷、《附录拾遗》1卷；宋嘉定五年（1212）刻陈傅良《止斋先生文集》52卷；南宋刻崔敦诗《崔舍人玉堂类稿》28卷、《附录》1卷、《西垣类稿》2卷、《目录》1卷；宋刊巾箱本杨冠卿《客亭类稿》□□卷；宋刻黄榦《勉斋先生黄文肃公文集》40卷、《附集》1卷；宋刻蔡幼学《育德堂奏议》6卷；宋刻赵汝谈《南塘先生四六》1卷；

宋咸淳九年（1275）刻释道璨《无文印》20卷、《语录》4卷、《赞》1卷、《偈颂》1卷、《题跋》1卷；宋景定刻史弥宁《友林乙稿》1卷；宋刻葛洪《蟠氏老人文集》22卷、《奏议》1卷、《涉史随笔》1卷；宋刻洪咨夔《平斋文集》32卷；宋开庆元年刻魏了翁《重校鹤山先生大全文集》110卷；宋刻李刘《梅亭先生四六标准》40卷；宋临安陈宅书籍铺刻岳珂《棠湖诗稿》1卷；宋刻刘克庄《后村居士集》50卷、《目录》2卷等。

总体说来，宋人文集的编纂继承了汉唐传统，文集与经、史、子部著作依然分列，其所不同或者说有所发展的是一人多集、多人合集的现象越来越普遍，标榜编纂刊刻个人文集"大全集"的商业出版现象到南宋时成为时尚，个人文集的雕版印刷方式传播成为宋人的共识，广泛雕印出版前人文集和当代人文集是宋人给后人留下的最大的文化遗产。

五

唐之后，中国再度分裂，赵宋立国也没有完全恢复盛唐的大一统局面，南北对峙的版图格局一直延续到元的统一。辽建国于907年，灭亡于1125年，相当于五代、北宋时期，金称帝于1115年，亡于1234年，基本与南宋相对峙。西夏据西北，先与北宋、辽鼎立，后与南宋、金对峙。蒙古人灭西夏、金，于1279年又灭南宋，重新一统中国，至1368年被明取代。雄踞于西北、北方的西夏、辽、金均创制了自己的民族文字，分别是西夏文、契丹文、女真文，蒙古也创制了八思巴蒙古字、回鹘式蒙古文，以民族文字创作文学作品是这一时期最显著的特征。

尽管北部诸少数民族政权创制并推行本国文字，但这些政权均是以征服汉地而建立的，其所统治的人口大多数是汉人，同时，其文化的发展也多是由汉族知识分子所推动，因此，汉语仍是官方通用语言。就其书籍出版而言，汉文与民族文字并重，甚至可以说，书籍出版的主流仍是汉文书籍的雕版刊行。

辽代太祖神册五年(920)始制契丹大字，至清宁八年(1062)"禁民间私刊印文字"，辽代的出版主要集中于两次刊刻《契丹藏》(汉文)及佛教其他经籍,《五经》《史记》《汉书》、医书《肘后方》《百一方》及蒙书《蒙求》等书也雕印刊行。辽人文集在当时也被文献记载，如编纂辽道宗耶律洪基《清宁集》、耶律隆先《阆苑集》、萧柳《岁寒集》等。但辽政权实行严格的禁书制度，整个辽代见诸书目辑录的个人文集只有20多部，历经兵燹，至元初多亡，至今无一部传世。这些文集是否雕版印刷，也不可知，辽人文集，不甚了了。

北宋仁宗宝元元年（1038），李元昊称帝，立国大夏，于此前两年（1036），野利仁荣创制西夏文，随后译《孝经》《尔雅》《四言杂字》为西夏文。西夏立国190年，十分重视书籍雕版，出版了一些西夏文、汉文和藏文书籍。翻译汉文较重要的有《论语》《贞观政要》《类林》《孙子兵法三注》《妙法莲华经》等。雕印的西夏文书籍较重要的有《文海宝韵》《音同》《五音切韵》《天盛改旧新定律令》，兵书《贞观玉镜统》，类书《圣立义海》，蒙书《番汉合时掌中珠》《三才杂字》，历书、医书、佛经等。

西夏集部书籍仅见谚语集《新集锦合辞》(364条谚语)和诗歌集雕版,前者由梁德养初编、王仁持于西夏乾祐十八年(1187)增补刊印,后者则雕印于乾祐十六年(1185)。诗歌集出土于黑水城遗址,其中包括《赋诗》《大诗》《月月乐诗》《道理诗》《聪颖诗》等。西夏人文集出版未见诸记载。

金兵攻陷北宋都城汴梁后,连续劫掠国子监书版、秘阁三馆书籍、古圣人图像、宋人文集、阴阳医卜之书等,"盖宋汴京百余年官私所积之图书、国子监板片,至是为之一空矣"。北宋汴京的雕版匠人也被掠往金都或流落于平阳(今山西临汾),平阳(又称平水)、燕京、汴京成为金代的出版中心。可以说金代的出版业完全是建立在北宋雕版业的基础之上的。相较于辽、西夏,金代的书籍出版相对发达,金人文集的编纂与刻印也远胜二者。

据薛瑞兆《金代艺文叙录》考证,其所著录的金人集部著作共199人243部。现存于世的金人文集有蔡松年《明道集》6卷,王寂《拙轩集》6卷,赵秉文《滏水集》20卷,王若虚《滹南诗话》3卷、《滹南遗老集》45卷,杨奂《还山遗稿》2卷,元好问《中州集》10卷、《中州乐府》1卷、《唐诗鼓吹》10卷、《元遗山诗集》20卷、《遗山乐府》3卷、《遗山先生文集》40卷,李俊民《庄靖集》10卷,杨弘道《小亨集》6卷,段克己、段成己《二妙集》8卷,李庭《寓庵集》8卷、《寓庵乐府》1卷,共10人17部文集。现存金代版刻的集部书籍有:宋曾巩撰《南丰曾子固先生集》34卷,北宋文同撰《丹渊集》40卷、《拾遗》2卷、《附录》1卷,南宋王十朋撰《集注分类东坡先生诗》,金蔡松年撰、金魏道明注《明秀集》6卷，金赵秉文撰《滏水集》，金丘处机撰《栖霞长春子丘神仙磻溪集》3卷，佚名《刘知远诸宫调》，共7人7部书，其中金人3人。金人文集大多亡于金元易代之际，元人张德辉在《中州集》后序中说："百年以来，诗集行于世者且百家，焚荡之余，其所存者盖无几矣。"

元代是中国历史上又一重要的大一统时期。元代出版业主要继承了金和南宋的出版传统。金的出版中心主要是平阳和燕京，1234年元灭金后，蒙古太宗八年（1236）蒙古人便在汗八里（今北京）设置编修所，在平阳沿金旧制复设经籍所，掌管、搜访、庋藏图书典籍，负责编译经史。元世祖至元四年（1267）将编修所、经籍所合并而改称宏文院。两年后徙平阳府经籍所于京师并入宏文院。至元十年（1273）立秘书监，掌历代图书经籍，又立兴文署，专掌雕印文书。至元十三年（1276）元攻破南宋都城临安，宋秘书省、国子监、国史院、学士院图书以及杭州官府书籍板、江南诸郡书板一并海道运往大都。元代的出版中心主要有大都、平阳、杭州、建安、吐鲁番，吐鲁番曾是西夏的出版重地，其余几处均是金与南宋旧有的出版中心。而金、宋时期的书籍名画，以及元时"四方购纳古书名画"，上于朝廷者则统藏于秘书监，到至正二年（1342），共藏书2 189部23 637册，其中集部书592部，10 001册。据清钱大昕《补元史艺文志》著录元人著述经部书804种、史部书477种、子部书763种、集部书1 098种，共3 142种。元代的出版基础大抵如此。

元人别集的编纂与刊刻，基本承袭了宋人别集传统。自编、自刊者较少，作者后人、族人、门生、朋友或者仰慕者所编所刊的较为普遍。虽然历经战火，但元人别集流传至今者仍然数量可观，并不像想象的稀少。《四库全书总目》及《存目》收录元人别集205部，陆峻岭《元人文集篇目分类索引》收录元人别集151部，《全元文》收录除诗集之外的元人文集200余部，周清澍《元人文集版本目录》著录275部，雒竹筠遗稿、李新乾编补《元史艺文志辑本》著录今存元人别集450部，散佚及未见425部，综上，元人别集传世于今者约300部。

  元于宋文化虽然具有继承关系，但元文化自有别开生面之处。就文体而言，长篇小说、曲类诸宫调、传奇、杂剧等均为元人所创，至元代，我国古典文学诸文体始可称完备，这是元代显而易见的文学特点。就文集编纂与雕版而言，元人别集也自有特点。

  首先，元人十分注重编纂、整理、刊印前朝前人别集。元人不仅重视宋人，也注重唐人、金人别集的刊印出版。元刻唐人别集，私宅刻书、坊肆刻书均有出版行为。儒学刻本中有嘉兴路儒学至大四年（1311）刻印唐陆贽《陆宣公文集》20卷；私宅刻书中有张伯颜大德间刻唐许浑《增广音注唐郢州刺史丁卯诗集》2卷《续集》1卷，陈桂轩大德间刻唐杜甫《杜工部草堂诗笺》40卷，陆德后至元五年（1339）刻唐陆龟蒙《笠泽丛书》4卷，高楚芳刻杜甫《集千家注批点杜工部诗集》20卷；坊肆刻书中有万宝堂至元五年（1339）刻《李白集》，建安余氏勤有堂至大四年（1311）刻唐李白撰、宋杨齐贤集注、元萧士赟补注《分类补注李太白诗集》25卷，次年又刻唐杜甫撰、宋徐居仁编、黄鹤补注《集千家注分类杜工部诗》25卷《文》2卷《年谱》1卷，建阳刘氏翠岩精舍至正十四年（1354）刻印唐陆贽撰、宋郎晔注《注陆宣公奏议》15卷，建阳刘氏日新书堂至正十八年（1358）刻印唐韩愈《五百家注音辨昌黎先生文集》40卷，武夷詹光祖月崖书堂刻印《黄氏补千家集注杜工部诗史》36卷，碣石赵衍蒙古宪宗六年（1256）刊印《柳宗元文集》《孟东野诗集》《李贺歌诗编》，复古堂后至元三年（1337）刻印《李长吉歌诗》等。

元灭金后，继承了金代雕版印刷技术，对金人的著作以及文集也多有整理与出版。所刻文集主要有：兴贤书院至元二十年（1354）刻金王若虚《滹南遗老集》45卷、赵秉文《滏水集》30卷，九峰书院至大年间刻金元好问《中州集》10卷《乐府》1卷，赵国宝至大三年（1310）刻金元好问《翰苑英华中州集》10卷，段辅泰定四年（1327）刻段克己、段成己《二妙集》8卷等。元人所刻金人文集，数量很少。这与金人立国时间较短，文化也相对落后有关。

元人整理刻印集部作品数量最多的是宋人别集。元代，无论是地方儒学、书院，还是私家、坊肆，均参与了宋人别集的整理与出版。据《现存宋人别集版本目录》可知元人整理出版宋人别集的概况。元人所刻宋人文集流传至今的主要作者有：雪窦和尚释重显、范仲淹、释契嵩、欧阳修、邵雍、曾巩、王安石、范纯仁、徐积、苏轼、苏辙、黄庭坚、陈师道、朱淑真、罗从彦、孙觌、陈与义、朱松、范浚、王十朋、杨万里、朱熹、辛弃疾、黄榦、真德秀、刘克庄、方岳、文天祥等。见于文献记载元人所刻宋人别集的作者还有宋陈淳、葛长庚、沈括、叶梦得、岳珂、郑思肖、郑起、陈博良、刘学箕、刘子翚、陆九渊、刘爚、李昴英、陆游、程颐、程颢、黄震、释惠洪、郭熙、袁华、严羽等。宋人文集元刻的远不止一次，如范仲淹、苏轼、邵雍、黄庭坚、孙觌、陈与义、朱熹、文天祥等人的文集则被多次刊刻，尤其是苏轼文集，元刻流传于今的至少有 7 个不同版本。

其次，元人编纂、刊刻了大量当代的著作。尤其是对个人文集的雕版印刷，元人也十分珍视，就其平均数量而言，与两宋相差无几。据《元人文集版本目录》和《元史艺文志辑本》，元人刊印当代文集流传至今的重要别集有：宗仲亨刊耶律楚材《湛然居士文集》14 卷、至元丁亥（1287）刊刘秉忠《藏春诗集》6 卷、延祐五年（1318）江西行省刊郝经《郝文忠公陵川文集》39 卷首 1 卷、至正十四年（1354）刊张养浩《张文忠公文集》28 卷、元刊释英《白云集》3 卷、元刊方回《桐江续集》48 卷、元刊丁鹤年《鹤年诗集》3 卷、元刊艾性夫《剩语》2 卷、至顺三年（1332）张采家塾刊张伯淳《养蒙集》10 卷、元刊《谷响集》3 卷、至正四年（1344）浙江行中书省刊任士林《松乡先生文集》、后至元五年（1339）花溪沈伯玉家塾刻赵孟頫《松雪斋文集》10 卷《外集》1 卷、后至正元年（1341）建安虞氏务本堂刻本《赵子昂诗集》7 卷、元吴堂刻吴澄《吴文正公集》100 卷《私录》2 卷、大德间刊释圆至《筠溪牧潜集》7 卷、元刊许衡《鲁斋遗书》6 卷、至顺元年（1330）宗文堂刊刘因《静修先生文集》22 卷、至正九年（1349）刊刘因《静修先生文集》28 卷《附录》2 卷、王万庆重刊耶律铸《双溪醉隐集》

6卷、至治二年嘉兴路儒学刻王恽《秋涧先生大全文集》100卷、至正十八年（1358）闽刻程钜夫《楚国文宪公雪楼程先生文集》30卷、至元四年曹复亨刻曹伯启《汉泉曹文贞公诗集》10卷《后录》1卷、元刊袁桷《清容居士集》50卷、至正间刻周权《此山先生诗集》10卷、元肖洒刊刘岳申《申斋刘先生文集》15卷、至元间刊释大䜣《笑隐和尚语录》不分卷、至正间刊黄玠《弁山小隐吟录》2卷、元刊侯克中《艮斋诗集》14卷、至大间刊郭豫亨《梅花字字香》2卷、元刻刘敏中《中庵先生刘文简公文集》25卷、至正四年刊萧㪺《勤斋集》8卷、至元五年（1339）扬州路儒学刻马祖常《石田先生文集》15卷、至正初潘维梓等刊同恕《榘庵集》15卷、至元元年（1335）建宁刊本虞集《道园学古录》50卷、至正五年（1345）临川郡学刊本《雍虞先生道园类稿》50卷、至正十四年（1364）金伯祥刻《道园遗稿》6卷、孙存吾如山家塾刊《翰林珠玉》6卷、至元六年（1340）刘氏日新堂刻《伯生诗续编》6卷、元刊杨载《翰林杨仲弘诗》8卷、至元六年（1340）益友书堂刻《范德机诗集》7卷、元刊揭傒斯《揭文安公文粹》2卷、至元六年（1340）日新书堂刻《揭曼硕诗集》3卷、至正十年（1350）刊丁复《桧亭集》9卷、至正十二年（1352）宋璲写刻吴莱《渊颖吴先生集》12卷《附录》1卷、元刊黄溍《金华黄先生文集》43卷、元刊《黄文献公集》23卷、元刊欧阳玄《圭斋文集》16卷、至正间蒲江刊柳贯《柳待制文集》20卷附录1卷、至正十年（1350）家刻蒲道源《顺斋先生闲居丛稿》26卷、元刊吴师道《礼部集》20卷附录1卷、至正八年（1348）江浙行省学官刊宋褧《燕石集》15卷、至正八年（1348）刊萨都剌《雁门集》

8卷、元刻陈旅《陈众仲文集》13卷、至正间刊傅若金《傅与砺诗集》8卷、元刊苏天爵《滋溪文稿》30卷、元刊张雨《句曲外史贞居先生诗集》5卷、至正间刻郑玉《师山先生文集》11卷、元刊丁鹤年《鹤年诗集》3卷附录1卷、元末刊王逢《梧溪集》7卷、至正二十年（1360）刊叶颙《樵云独唱集》6卷、至正末刊杨翮《佩玉斋类稿》10卷、章琬刊杨维桢《铁崖文集》5卷、元刊《铁崖先生古乐府》10卷、元刊袁士元《书林外集》7卷、延祐六年（1319）杨怀素刊姬志真《知常先生云山集》5卷、大德十年（1306）翠峰山房刊李道纯《清庵先生中和集》3卷《后集》3卷、至正十二年（1352）刊释惟则《师子林别录》5卷、至正间刊释至仁《澹居稿》2卷等。分析元刊个人文集的刊刻人，元人别集大多是家刻本，而宋人别集当时大多是地方官府所刻，从此变化我们可以看出元人的出版观念是更为重视家族先人著作的流传。过去学术界往往忽视或轻视元人的书籍出版，由元人文集的出版事实我们可以看出这一传统观念是存在较大偏差的。

最后，就中国古代文体而言，至元代而始大备。散文发展至长篇小说，韵文拓展至戏曲，尽管其源流可追溯到宋、唐，但其形成成熟的文体并达到高峰均是在元代。这是元人别集内容拓展的一大特点。

小说作为一种文体，可概分为文言小说与白话小说两大类。文言概念下的"小说"一词最早见于《庄子·外物篇》："饰小说以干县令，其与大达亦远矣。"《汉书·艺文志》将小说家列为十杂家之一，并指出："小说家者流，盖出于稗官，街谈巷语，道听途说者之所造也。"丛残小语是文言小说的基本特征。魏晋以下至隋唐，小说的范畴逐步扩大，唐人将"志怪""传奇"一类题材的文学纳入到小说类别中，至宋代，闲散笔记也纳入到小说范畴。但至宋时，讲史话本兴起，白话小说崭露头角。话本是说唱文学的底本，其语言是当时的白话，其对象是大多不能识文断句的普通社会大众，由此我们将话本列到白话小说的范畴。元人话本多源于宋，从流存至今的话本文本我们很难严格区分清楚时代关系，故多笼统称其为"宋元话本小说"。据欧阳健、萧相恺编著《宋元小说话本集》，共收宋元小说话本67篇。其中较重要的话本有：《张生彩鸾灯传》《错斩崔宁》《碾玉观音》《闹樊楼多情周胜仙》《三现身包龙图断冤》等。今存最为完整的讲史话本是元至治年间建安虞氏刊印的《全相平话五种》，即《全相武王伐纣平话》《全相乐毅图齐七国春秋后集平话》《全相秦并六国平话》《全相前汉书续集平话》《全相三国志平话》。此外，今存一部说经平话《大唐三藏取经诗话》，也属于宋元话本系列。以上话本均失作者名，由此我们也可以看出白话小说的民间性。

讲史小说话本的基础是说唱艺人的底本，在此基础上文人开始对原始话本进行文学加工，同时随着说唱文学的兴盛，话本长卷也渐次涌现，而最能代表元代小说成就的即是白话长篇小说的出现，其代表人物是元末明初人罗贯中与施耐庵。据《元史艺文志辑本》载，流传至今的题名罗贯中的长篇小说主要有：《新刊汤学士校正古本按鉴演义全像通俗三国志传》20卷、《三国志通俗演义》24卷、《增像全图三国演义》120回、《三遂平妖传》4

卷20回、《四雪草堂重编通俗隋唐演义》100回、《镌李卓吾批点残唐五代史演义》60回等。而题名施耐庵的长篇小说则是多个版本的《水浒传》，主要有：《李卓吾先生批评忠义水浒传》100回、金圣叹评《第五才子书》124回、李贽评《忠义水浒全书》120回、《第五才子书施耐庵水浒传》71回等。

曲类文体是元代文学的代表，主要包括诸宫调、杂剧、南戏（传奇）、散曲。诸宫调兴起于北宋，兴盛于金元，体制宏大，曲调丰富，"它取同一宫调的若干曲调联成短套，首尾一韵；再用不同宫调的许多短套联成数万言的长篇，杂以说白，以演唱长篇故事"。元诸宫调流传至今的完本仅有题名董解元的《西厢记》8卷，此书还有2卷本、4卷本、不分卷本等多个版本。

杂剧出现于宋，源于唐代的参军戏，但宋代杂剧文本完全失传。宋末元初人周密《武林旧事》言宋"官本杂剧段数"有280本，今已不传。元代是杂剧的兴盛时期，作为一门集文学、音乐、舞蹈、表演、美术、杂技与剧场建筑等多种艺术于一体的综合艺术门类，至元代已形成一套成熟的完善的体制。元代也是创作杂剧剧本的高峰时期，据周贻白《中国戏曲剧目初探》（收入《周贻白小说戏曲论集》，齐鲁书社1986年版）著录元杂剧作者91人，剧目517种，今存172种；元明无名氏杂剧262种，今存137种，共录元杂剧779种，今存309种。元钟嗣成《录鬼簿》存目458种，朱权《太和正音谱》存目535种，傅惜华《元代杂剧全目》著录700余种，杂剧剧目总体约700种，今存约200多种。著名作家有关汉卿、王实甫、白朴、马致远四大家。此外，流传剧目至今的创作家还有纪君祥、杨显之、石子章、王仲文、李文蔚、尚仲贤、戴善甫、郑廷玉、康进之、高文秀、李好古、武汉臣、石君宝、李潜夫、吴昌龄、郑光祖、乔吉、宫天挺、金仁杰、杨梓、秦简夫等。

元代戏曲另一成熟较迟的分支是流行于东南沿海地区的南戏。南戏最早产生于浙江温州，又称"温州杂剧"或"永嘉杂剧"。南戏到元末趋向成熟，之后逐步演化为明清时期的传奇，故有的目录书也著录为传奇。现存剧目宋元南戏剧目200多种，流传至今的剧本有19种。南戏的主要作者及著名剧作有：高明《琵琶记》、施惠《拜月亭记》、刘知远《白兔记》、无名氏《荆钗记》、徐畹《杀狗记》等。

散曲是元代流行的歌曲，元人称之为"乐府""今乐府"。元散曲与宋词具有渊源关系，形式相似但又有诸多不同。相较于词，散曲韵脚密而多变，平仄通协，对仗较多，衬字较多，句式变化大且较多用白话口语，较词更为自由，是一种独立的文体。散曲分为小令、套数两类。小令一般为单支曲子，套数（散套）是由同宫调的两支以上曲子写成。据隋树森《金元散曲》统计，流传于今的元散曲小令有3 800多首，套数470多套。元代前期的散曲作家主要有关汉卿、王和卿、白朴、马致远、卢挚、张养浩等，元后期重要作家有贯云石、曾瑞、乔吉、张可久等。

总体说来，元代崛起的杂剧、白话长篇小说、散曲、南戏构成了元代文学的主流，同时也拓展了元人别集的新面目。

六

明代自 1368 年开国至 1644 年灭亡共立国 276 年，逊于两宋的 320 年，但明代的出版物总量却远超两宋。据缪咏禾研究，明代出版物总量在 3.5 万种左右。清黄虞稷编《明史·艺文志》、清傅维鳞编《明书·经籍志》、明王圻编《续文献通考·经籍考》、清《钦定续文献通考·经籍考》、明焦竑编《国史·经籍志》、清宋定国、谢星缠编《国史·经籍志补》6 种书除去重复共收书 29 000 种，其他官府藏书书目、私家藏书书目、近人所编书目近百种中还有数千种为前 6 种书目所未收。现存的明人雕印书也远超两宋，《中国古籍善本书目》收明书 23 042 种，"除去不同版本后约 18 600 种"，杜信孚《明代版刻综录》共著录版刻书 7 876 种，《中国古籍总目》是迄今收存书最全的一部目录书，未及一一统计，三者合计现存明人版刻当在两万种以上。具体别集部书籍，《明人别集经眼叙录》序中说："现存明人诗文集总量，据最新完成之《中国古籍总目》著录，明集著者在三千人以上，其诗集、文集、诗文合集、选集等各类文本逾七千种，所存不同版本则近万种，分藏国内外数百家图书馆等机构，而民间收藏之秘本孤帙，尚未统计在内。"《中国古籍善本书目》共著录集部书 22 924 种，其中明代 8 285 种，除去不同批校题跋本后为 6 495 种，由此可见明人集部书籍之丰富。崔建英在其《明别集版本志》中称：其在编辑《中国古籍善本书目》时负责审校"明别集"部分，时全国近 800 家藏书单位报送书目共 154 000 种，其中属于"明别集"的 11 000 种，删除丛书和总集零种，"合并复本（含批校题跋本），约得三千五百余种"，又加美国普林斯顿大学葛思德图书馆藏未见国内著录的100多种，《明别集版本志》共著录3 600多种。迄今著录明人别集最全的当数《中国古籍总目》，共著录别集7 175种。综上，我们估计明人别集当在7 000种以上。

明代立国时期相对应于欧洲的文艺复兴时代。明初期的1450年德国的古登堡发明印刷机，欧洲在随后的半个世纪里渐次进入印本时代。而明代在宋元雕版印刷技术的基础上也大有拓展，一是雕刻字体四角崭方、横细竖粗的匠人"宋体"字成型，大大提高了雕刻效率，中国由明初以写本为主过渡到明后期以印本为主；二是雕印本数量大为增加，明代出版物约在3.5万种，其中大多是印本书籍，官刻、坊刻、私刻的刻书机构或主持其事的人共"五六千家"；在雕版印刷工艺上明代也有一些改良与实践，如木活字、铜活字印刷、插图绣像广泛应用，三色套印、五色套印、饾版、拱花等技术均有突破性实践。明代的雕版印刷业大致可分为三个时期，前期为自洪武至弘治（1368—1505）共137年，据《明代版刻综录》著录图书7 740种，此时期出版766种，数量较少；中期为正德、嘉靖、隆庆（1506—1572）66年，共出版2 237种，数量剧增；后期为万历以后（1573—1644）71年，共出版4 720种，数量最多。明代文学的发展，几与雕刻印刷同步。大多文学史著作，将明代文学也分为三个时期：前期为洪武至成化（1368—1487）时期，约119年，"台阁体"盛行，文学趋向衰微冷落；弘治至隆庆（1488—1572）为中期，约84年，文学渐趋繁盛，"吴中四才子""前七子""唐宋派""后七子"相继登场,俗文学也走向高潮;万历之后是晚期,文学走向高潮并陡然跌落,"公安派""竟陵派"小品散文、通俗文学、长篇小说等成为这一时期文学主流。出版与文学的分期相合说明了二者存在共生关系,出版的进步无疑推动了文学的发展,反之,文学创作的繁盛也对出版提出了更多的需求;二者是互相支撑的关系,这也是明代别集发展的一个新特点。

明代的出版人继承了宋元时期编纂刊印前人别集的优秀传统,明人对汉魏六朝、隋唐、宋元文人文集进行了几乎覆盖式整理刊印,并且有较多是以丛书的形式结纂的。明人对汉魏六朝时期的别集出版,主要集中在如下几套丛书中:明张溥刻《汉魏六朝百三名家集》,收自贾谊至隋代薛道衡103家诗文别集,收罗最富;万历间翁少麓刻《汉魏诸名家集》;万历、天启间汪氏刻《汉魏六朝诸名家集》;天启、崇祯间刻《七十二家集》;明末刻《绿窗女史》;崇祯间刻《汇刻建安七子集》;嘉靖刻《六朝诗集》;明刻《汉魏六朝诸家文集》等。所收文集、诗集、诗文合集的作者包括:汉贾谊、枚乘、司马相如、卓文君、董仲舒、东方朔、司马迁、刘向、王褒、扬雄、刘歆、褚少孙、冯衍、班固、张衡、马融、李尤、崔骃、王逸、郑玄、蔡邕、徐淑、荀悦、孔融、阮瑀、徐幹、王粲、陈琳、刘桢、应玚、蔡琰、曹操;三国魏曹丕、曹植、应璩、阮籍、嵇康、钟会,三国蜀诸葛亮;晋傅玄、杜预、成公绥、张华、傅咸、夏侯湛、束皙、陆机、陆云、刘琨、郭璞、荀勖、孙楚、潘岳、潘尼、挚虞、左思、张载、张协、王羲之、王献之、孙绰、陶渊明；南朝宋何承天、傅亮、颜延之、谢灵运、谢惠连、袁淑、鲍照、谢庄；南朝齐张融、孔稚圭、王俭、萧子良、谢朓、王融；南朝梁沈约、江淹、陶弘景、任昉、刘峻、丘迟、萧衍、王僧孺、吴钧、陆倕、刘孝绰、王筠、刘潜、庾肩吾、刘孝威、萧统、萧纲、何逊、萧绎、萧詧；南朝陈徐陵、江总、张正见、阴铿、陈叔宝、沈炯；北魏高允、温子昇；北齐邢邵、魏收；北周庾信、王褒、宇文毓；隋李德林、卢思道、薛道衡、牛弘、杨广等。

明人对唐人诗集、文集、诗文合集的整理与刊刻多以丛书形式结纂雕印，也几乎涵盖唐人重要别集。比较重要的明刻唐集丛书有：正德刻《唐五家诗》、嘉靖刻《唐百家诗》、嘉靖刻《唐诗二十六家》、明铜活字印刷《唐人五十家诗集》、嘉靖东壁图书府刻《唐十二家诗集》、嘉靖刻《唐六家集》、万历刻《前唐十二家诗》、明刻《唐八家诗》、万历刻《唐十二名家诗》、崇祯刻《初唐四子集》、明刻《唐六家诗》、嘉靖刻《唐人小集》、汲古阁刻《五唐人集》、明刻《唐十子诗集》、明刻《唐人七家诗》等。唐人诗集大多集中于以上诗集丛书中，而文集与诗文合集则多是以单行刻本的形式整理刻印，主持刻印者多是家刻、坊刻，所刻与诗别集相类，唐人重要文集在明代均得以重新编辑与刊印。所涉及的唐人作者数量颇多，不再一一赘列。

相对于唐人别集，明人对宋元人别集整理的热情不及唐人别集。明时对宋元人别集的重新编纂呈两种基本方式：一种是以钞本形式存世的，如宋元人文集被大量抄入《永乐大典》，同时单行钞本也多存世流传于宫廷、私家藏书和家族收藏；另一种是付诸版刻，雕版以行于世，这类重新整理并付诸刊印的宋元人文集主要集中于嘉靖朝之后。据《中国古籍总目》著录，明钞宋人别集的存世较多，而明刻宋元人别集多是私刻、家刻和坊刻，官府所刻较少。明刻宋人别集，很少以丛书的形式刊印，与唐代诗集丛刻丛编形成鲜明对比。所刻丛编主要有万历刻《八大家文钞》（文集丛编）、汲古阁刻《宋六十名家词》（词集丛编）、崇祯刻《苏门六君子文粹》（文集丛编）、万历刻《宋元四十三家集》（诗集丛编）、崇祯刻《元人十种诗》（诗丛编）、万历刻《宋元诗》（诗丛编）、崇祯刻《元人十集》（诗丛编）、崇祯刻《元诗四大家》（诗丛编）、明刻《宋元十二家诗选》（诗丛编）、万历《宋元名家诗》（诗丛编）等。明人对宋元时期的诗文别集并未全部整理与刊印，比较多地将雕印行世的关注力集中到了欧阳修、范仲淹、苏洵、苏轼、苏辙、周敦颐、曾巩、司马光、王安石、黄庭坚、秦观、米芾、陆游、杨万里、朱熹、陈亮、文天祥、元好问、许衡等名家大家的别集出版上。隔代整理前代文集的文化现象也延伸到清，反倒是清人对宋元人的别集给予了更多的关注，并刊刻整理了大量的宋元别集。

明人喜刻自己的文集，并将之作为送人的雅礼，尤其是中后期几成礼数。同时，明代家刻十分发达，后人整理先人别集并刊行于世，也成为族人后人的一项责任，家刻遂成一代之风。明代后人编纂整理前人著作，已开始有意识地注重刊行诗文全集，这一编辑方式一方面是学习宋人刊行的为数不多的数部所谓全集，另一方面也说明明人同样具有文以载道的存世传世意识。明别集作者有3 000多位，考诸《中国古籍总目》著录明别集之属，其中大多数人的著作有明代当代刊刻本，此比例超过宋元时期。

明人开始有意识地刊行当代文人的全集，是明代别集编纂的一大特点。但明人所编全集，依然沿袭了唐宋以来的编纂传统，仍然局限于诗、文，并不包括作者个人的经、史、子部著作，这是首先要明确的。据《明史·艺文志》《中国古籍总目·集部·别集类·明代之属》著录，将明刊明人全集按作者生年先后次序摘录如下：嘉靖二十九年（1550）韩叔阳刻宋濂撰《新刊宋学士全集》33卷；天启、崇祯间燕如凤校刻刘基撰《刘文成公全集》12卷；洪武间刻贝琼撰《贝清江先生全集》40卷；万历四十三年（1615）李如龙等刻《温泉李太史冰壑公学余诗稿全集》14卷；景泰元年（1450）刘宗文等刻高启撰《高太史大全集》18卷；万历间晏良荣刻解缙撰《解学士全集》10卷附《解学士年谱》2卷；万历、崇祯间刻陈敬宗撰《陈文定公澹然遗书全集》13卷；嘉靖间邢台赵氏校刻薛瑄撰《薛文清公全集》40卷《附录》1卷；万历间西吴韩敬刻商辂撰《商文毅公全集》30卷；嘉靖四十三年（1564）吕科等刻吕原撰《吕文懿公全集》12卷；正德十三年（1518）华亭张弘至刻张弼撰《张东海全集》8卷附录不分卷、《万里志》2卷、《首》1卷；弘治十八年（1505）罗侨刻陈献章撰《白沙先生全集》20卷；天启四年（1624）刻林章撰《林初文诗文全集》15卷；正德十一年（1516）熊桂刻李东阳撰《怀麓堂全集》总100卷，包括：《怀麓堂诗稿》20卷、《文稿》30卷、《诗后稿》10卷、《文后稿》30卷、《杂记》10卷；嘉靖十八年（1539）邵启南、陈善通刻邵元节撰《赐号大和先生全集》4卷；万历三十九年（1611）陈以闻刻祝允明撰《怀星堂全集》30卷；嘉靖十九年（1540）岭南朱明书院刻湛若水撰《泉翁大全集》85卷；嘉靖十二年（1533）王献等刻二十四年东明翁万达增修王九思撰《重刻渼陂王太史先生全集》（《渼陂集》16卷、《渼陂续集》3卷、《碧山乐府》4卷、《碧山诗余》1卷、《南曲次韵》1卷、《杜子美沽酒游春记》1卷、《中山狼院本》1卷）；隆庆二年（1568）郭朝宾等杭州刻王守仁撰《王文成公全书》38卷（《王文成公文录》5卷、《别录》10卷、《外集》7卷、《文录续编》6卷、《语录》3卷、附《王文成公年谱》3卷、《附录》2卷、《世德记》2卷）；嘉靖间魏允孚刻边贡撰《边华泉全集》14卷；万历四十七年（1619）周文萃松涛阁刻徐祯卿撰《徐昌穀全集》16卷；嘉靖三十一年（1552）刻韩邦奇撰《韩苑洛全集》22卷；嘉靖间刻胡缵宗撰《鸟鼠山人全集》8种；万历三十四年（1606）耿定力、丁宾刻王艮撰《重镌心斋王先生全集》6卷；万历四十八年（1620）南昌舒璨刻舒芬撰《舒文节公全集》19卷；明刻张邦奇撰《张文定公全集》78卷；万历间刻郑善夫撰《郑少谷先生全集》25卷；万历二十四年（1596）庄诚刻《太史升庵全集》81卷《目录》2卷；崇祯间薛邦瑞刻薛蕙撰《西原全集》10卷《遗集》1卷；万历三十八年（1610）刻顾应祥撰《崇雅堂全集》16卷；明刻邹守益撰《邹文庄公全集》12卷；明刻杨爵撰《杨忠介公全集》13卷；万历二十四年（1596）赵府冰玉堂刻谢榛撰《四溟山人全集》24卷；嘉靖三十四年（1555）聂叔颐刻潘恩撰《潘恭定公全集》25卷；隆庆元年陈经国粤东刻陈鹤撰《海樵先生全集》21卷；

万历四十三年（1615）丁宾、张汝霖刻《龙谿王先生全集》22卷；嘉靖间刻薛应旂撰《方山薛先生全集》68卷；隆庆、万历间周恪刻周怡撰《周讷谿全集》27卷；万历十三年（1585）巴渝赵德仲福建刻赵贞吉撰《赵文肃公全集》23卷；明刻黄姬水撰《黄淳父先生全集》24卷；万历间刻罗汝芳撰《耿中丞杨太史批点近溪罗子全集》24卷；嘉靖间刻洪朝选撰《洪芳洲先生全集》14卷；万历间云间董氏刻董传策撰《董幼海先生全集》24卷；万历三十九年（1611）新安许奇钺刻《许文穆公全集》20卷；万历四十三年（1615）太仓王氏刻王锡爵撰《王文肃公全集》55卷；天启间刻朱赓撰《朱文懿公全集》24卷；万历间刻沈懋孝撰《沈司成先生全集》16卷；万历间济美堂刻朱孟震撰《朱秉器全集》14卷；万历四十七年（1619）句吴安绍芳刻安绍芳撰《西林全集》20卷《目录》2卷；明刻孙铲撰《孙月峰先生全集》12卷；崇祯七年（1634）刻赵用光撰《苍雪轩全集》20卷；万历间陈锡恩刻何三畏撰《新刻漱六斋全集》48卷；明刻杨起元撰《杨复所全集》22卷；天启间刻汤显祖撰《玉茗堂全集》46卷；万历至清初赵悦学等递刻赵南星撰《赵忠毅公全集》21卷；崇祯十四年（1641）刻何乔远撰《镜山全集》72卷；崇祯间吴震元等刻《陈眉公先生全集》60卷；万历至崇祯间福清叶氏递刻叶向高撰《叶台全集》118卷；天启元年（1621）刻李培撰《水西全集》10卷；万历三十九年（1611）闽中邓庆寀等刻邓原岳撰《西楼全集》18卷《西楼诗选》2卷；明末刻蔡复一撰《遁庵全集》17卷；崇祯十六年（1643）刻刘光复撰《刘见初先生全集》10卷；万历四十七年（1619）公安袁中道刻袁宏道撰《袁中郎先生全集》23卷；明刻谢廷赞撰《谢曰可比部全集》21卷；明末广陵汪修能刻熊廷弼撰《经略熊先生全集》11卷；崇祯九年（1636）钱塘陆云龙刻《翠娱阁评选钟伯敬先生合集》16卷；崇祯间刻曹学佺撰《曹能始先生石仓全集》48卷；天启二年（1622）卓迈刻杨守勤撰《宁澹斋全集》20卷、《留芳录》1卷、《请恩疏稿》1卷；天启七年（1627）新野马氏金陵刻马之骏撰《妙远堂全集》40卷；万历四十七年（1619）刻文翔凤撰《文太青先生全集》53卷；崇祯间吴郡张叔籁陶兰台刻姚希孟撰《清閟全集》12种91卷；明末刻张明弼撰《刻黄石斋蒋八公两先生手批莹芝全集》32卷；崇祯间刻谭元春撰《新刊谭友夏合集》23卷；崇祯间丘子旦等刻丘兆麟撰《玉书庭全集》32卷；崇祯间刻文德翼撰《雅似堂全集》12卷；崇祯十年（1637）传经堂刻《卓珂月先生全集》16卷等。《明史·艺文志》著录、未见传世的全集还有：瞿佑《存斋乐全集》3卷、《词》3卷；《杨守陈全集》30卷；程敏政《篁墩全集》120卷；邵宝《容春堂全集》61卷；李梦阳《空同全集》66卷；《陆深全集》100卷、《续集》10卷；《许宗鲁全集》52卷；《许相卿全集》26卷；徐阶《世经堂全集》50卷；董份《泌园全集》37卷；《王维桢全集》42卷；《罗洪先全集》25卷；《徐渭诗文全集》29卷；李维桢《大泌山房全集》134卷；《邹德溥全集》50卷；虞淳《熙德园全集》60卷；张萱《西园全集》30卷等。总计以上著录为"全集"的明人别集共有93种，与明人别集总量和作者总量相比并不足道。同时，我们还应当认识到，尽管刊刻者在刊行时标注书名为全集，但实收著作仍基本局限于诗文，并不能囊括个人全部著作，而有的作者别集虽未标明全集，但有可能是个人的全部著作，这两类情况都应具体别集具体分析，本文难以具论。

明代别集收录的文体依然遵循宋元之旧例，主要收录作者的诗、文、词、赋等文体，通俗文学诸如白话小说；曲类中之杂剧、传奇、散曲往往并不收入个人别集中。然而，中国文学发展史的实际状况却是，自南朝《文选》以来，文体之盛莫盛于明，明人尤其重视文章辨体，以明初吴讷（1372—1457）《文章辨体》（50卷）、明中期徐师曾（1510—1573）《文体明辨》（84卷）、明后期贺复徵《文章辨体汇选》（780卷）为代表，三书对历代文体均进行了细分，吴讷将文体分为59类，徐氏增至127类，贺氏又增至132体，此之辨体成为明人编纂总集的理论基础。三氏的文体分类思想也影响到别集的编纂，三书均未将白话通俗小说、杂剧、传奇、散曲列入正式文体，故此，别集之编纂者不将小说、曲类列入别集之举，也就不足为怪了。

但是，事实上，明代白话小说、戏曲都是明代文学的标志性品类。不仅数量繁多，而且文体齐备。据《中国古代通俗小说总目提要》，明代出版通俗小说217种，据程国赋《论明代坊刻小说的广告手段》（载《学术研究》2007年第6期）统计，明代坊刻小说约在400种左右。据《全明散曲》，收录了406位作者10 606首小令、2 064篇套数。据傅惜华《明代杂剧全目》著录杂剧523种，其中有姓名可考者349种，无名氏作品174种，明初北曲势力较盛，嘉靖之后南曲崛起。据傅惜华《明代传奇全目》

著录明代传奇950种，其中姓名可考者618种，无名氏作品332种。明前期至嘉靖初北曲杂剧渐向没落，南戏复兴；嘉靖中叶之后，昆曲繁盛，几遍全国各地。尽管明代小说、戏曲文体繁盛，但因多将其排斥于别集的结纂，故自元始明时尤著，小说如"三言""两拍"及《金瓶梅词话》《醒世姻缘传》《封神演义》等，杂剧如《盛明杂剧》60卷、《群音类选》46卷，传奇如《绣刻演剧》(《六十种曲》)120卷、《李卓吾评传奇五种》10卷，散曲如《盛世新声》12卷、《词林摘艳》10卷等出版物实际上是单类单独刊行的，至乾隆朝《四库全书》始将曲类作品与"词"相提并论，合并著录为"词曲"，与"别集""诗文评"始并驾齐驱，但白话小说终清之代也未获官书认可，至《清史稿·艺文志》白话小说也未被著录。清代四库馆臣的集部分类思想影响到了清人全集的编纂，但明人别集及全集中，编入曲类作品是稀见现象，这一点也是我们应当明了的。

总体说来，明人以全集之名结纂刊印个人创作类作品达到近百部，这一现象说明，意图编纂个人全部诗文作品已经成为一种出版自觉，尽管还不是普遍之举，但我们已经看到明人别集努力的方向。

七

清代是中国历史上封建社会最后一代王朝，既是封建社会的巅峰时期，也是封建社会的衰落、崩溃时期。自清入关到辛亥革命（1644—1911）立国267年，清廷由闭关禁海到被迫开放门户，清代社会被迫成为世界历史体系的一部分，其思想激荡前所未有。清代历史以道光为界分为前清和晚清两期，前清的中国是世界强国，晚清的中国历经两次鸦片战争、太平天国、甲午海战、义和团运动、八国联军侵华等内忧外患，逐步走向衰落以致处处被动挨打、丧权辱国。17、18世纪西方资本主义形成初期，中国作为封建国家的典型，经济总量和文化成就让西方国家羡慕不已，但自18世纪后期尤其是工业革命发生之后，西方资本主义快速发展迅速超越中国，欧洲列强开始殖民全球，中国这个泥足巨人被西方视为殖民重点，清代社会由此而发生巨变。这一历史背景也必然波及清代文学的创作与发展，与历史同步，清代文学也大体分为两个时期，前期为自清入关（1644）到道光十九年（1839），后期为自道光二十年鸦片战争（1840）至宣统三年辛亥革命（1911）。前后两期的文人思想与创作都深受当时政治影响，无论是前期的尊崇儒学、倡明理学、标榜汉学、大兴文字狱、借编纂《四库全书》而大肆禁书毁书删书，还是后期的禁令渐弛、西学渐入、译书大兴、兴办洋务、政治维新，文学都深为国家政治所左右。与其他王朝相比，文学的政治化是清代文学的一个重要特点。

政治不仅左右文学，同时也左右了出版业的发展。清代虽然对雕版印刷技术没有革命性的技术贡献，但清人却将雕版印刷技术应用推向了巅峰，无论是官府印刷业还是民间印刷业，无论是私宅刻书还是书坊刻书，雕版印刷遍及全国，印刷出版数量之多、规模之大、地域之广都远超宋元明时期。晚清时期，西方机械印刷技术传入中国，1815年英国东印度公司为协助传教士马礼逊印刷《英华字典》而铸刻中文铅字，铅活字中英文混合排版，引入当时英国最新印刷机在澳门印刷出版《英华字典》，中国印刷业进入新时代。随后，铅活字技术、胶印印刷技术、石印印刷技术、照相制版技术以及各种动力印刷机陆续传入中国并于19世纪80年代之后得到广泛运用，尤其是以照相制版为基础的蒸汽石印印刷机可以大规模地翻印中国古代典籍，一次即可印刷6万部《康熙字典》，西方近代印刷技术在短短的二三十年间就成为印刷主流，中国传统的手工雕版印刷逐步退居次要地位，逐步退出印刷主流市场，直至被更先进的西方印刷机取代。印刷技术的革命性变迁，深刻地影响了清代书籍出版的历史进程。

就中国的古典文化而言，清代是中国文化的巅峰时期；就中国的古典文学而言，诗、词、小说、戏剧、古文在清代都具有集大成的总结地位。而作为反映一代文化的出版业，清代的出版人对中国历代的文化遗产进行了系统的整理，或雕印、或石印、或铅印，清人对古典文献的整理与研究也同样具有集大成性质。与此同时，清人也与时代同步，创作了数量惊人的诗文辞赋、小说戏剧，仅词之一项，其数量就是两宋词的十倍以上。清人一代著述总量远超此前所有朝代之和。《清史稿·艺文志》著录清人著述四部书9 633种138 078卷，近人武作成增补著录10 438种93 772卷，王绍曾《清史稿艺文志拾遗》又增补54 880部375 710卷，合计共有74 951部607 560卷。近年来，国家启动清史编纂工程，杜泽逊所主持的《清人著述总目》被列为大清史编纂项目之一，其《清人著述总目述例稿》（载《中国典籍与文化》2012年第1期）一文称"共著录清人著述二十二万八千种"，这一总量或有不确，但不会有太大浮动，清人著述的总量当是前人著述总和的数倍。

清人别集，数量惊人。王绍曾《清史稿艺文志拾遗》著录"别集"14 232部48 914卷。袁行云《清人诗集叙录》云"清人诗集约七千种"。吴熊和、严迪昌、林玫仪《清词别集知见目录汇编》著录清人词集6 276种。而集其大成者为李灵年、杨忠主编的《清人别集总目》，著录清人别集约4万部，作者19 500余人。柯愈春著《清人诗文集总目提要》共著录清人诗文别集传世者19 700余家，40 000余种。以上著录依据多为海内外图书馆公藏书目，并兼及私家藏书目录，所引这些书目的编纂大多未曾亲自目验清人别集原书原稿，或有部分重复著录现象，这是不可避免的。但同时，这些书所依据的各图书馆也应有漏收，而私家所藏书目也多未收，故所收书也应有遗漏。而《中国古籍总目》与上述目录有所不同，这部总目是在普查全国上千家藏书机构的基础上编制的，所著录的书籍文献都是有实物存在的，因此可将此书视为调查中国历代典籍存世情况后所编制的一份国家现存古籍书目。《中国古籍总目》著录清人别集数量为28 675部，此数当是现存清人别集的总量。实际所存，当超过此数。《清人别集总目》也声明"以海内外公藏书目为主要依据，兼及私人收藏"，"所著录的别集，皆注明所知的现存各种版本，并尽量保留各馆藏书目及卡片提供的有关该书的序跋、题咏、辑抄、校注、编选、刊印等时间、地点、人名资料"，此严谨之治学态度，其所著录的四万种别集之总数当极有参考价值。迄今收清人别集最多且将每书为之提要者当数柯愈春著《清人诗文集总目提要》，其资料来源为方志艺文志、公私藏书目录、清人笔记日记、诗话词话等，作者也声明"未见之书，凡转述或摘引他人提要内容时，一律注明原书作者或书名，以示尊重"。由此书我们可了解清人诗文别集的全貌。

清人对于个人别集的态度与宋明相比，具有较明显的观念改变，主要表现在两个方面：一方面是特别注重前代尤其是明人之前的别集，对其进行了系统的、全面的校勘整理与重新编纂；另一方面是尤其重视生前刊刻自己的诗文别集。清人对于整理历代典籍抱有极大的热情，究其原因主要是：中国文化发展至清已经到达高峰，其所创造的典籍极大丰富，大多文献亟待整理；相对稳定的社会秩序，大一统下的经济发展和十分发达的雕版印刷业，为整理典籍创造了物质条件；清代各帝对汉文典籍的尊崇与重视，身体力行地、持续不断地编纂大型类书丛书和各种总集，推动了崇文的社会风习；前清各帝崇文同时又大兴文字狱，文化高压下的文人学士思想沉闷，困于书斋，走向考据之学，整理研究前代典籍成为一种事业与使命；晚清时期文网渐弛，西学大力引进，引发"中学为体，西学为用"之对策，整理国故成为对抗西学的一种姿态；西式机械印刷机的大力引入，尤其是照相石印印刷技术，为大量翻印、新印古典书籍提供了前所未有的技术支持，以上种种因素共同促成了清人整理历代典籍的非凡成就。

清人对前代别集的整理呈现两个显著特点：一是喜欢新编前人别集，尤其追求编纂个人全集，在编纂全集的收文范围上也不再仅限于诗文辞赋，其他部类的文体也入于个人全集之中；二是对过去刊印的别集，注重考订、辑佚、校勘、补注等，重新整理后再行印刷刊行。

清人对明之前的个人别集进行了全面的整理与校勘，尤其是明之前的，几乎是覆盖式的。《四库全书》整理前人别集的原则是："今于元代之前，凡论定诸篇，多加甄录，有明以后，篇章弥富，则删剃弥严。"这一编纂原则依然印证了隔代整理前人别集的规律，明人之前的别集是尽可能全部整理收录的。据《中国古籍总目》别集类汉魏六朝之属部分，清人对汉魏六朝别集的整理主要集中于丛书的编刻，如《四库全书》所收、清刻《汉魏六十名家》，宣统铅印《汉魏六朝名家集初刻》以及重要作家的单刻本，清人对此一时代别集的整理主要继承了明人刊印成果，所作所为并无大的突破。这一时期的全集，有清赵承恩辑光绪十年红杏山房刻诸葛亮《武侯全书》20卷；清吴兆宜笺注康熙间困学书屋刻徐陵《徐孝穆全集》6卷、《备考》1卷；清吴兆宜笺注康熙二十七年（1688）吴郡宝翰楼刻庾信《庾子山全集》10卷三种，是以"全集"之名而重新校勘整理的，其主要成果是笺注。

清人对唐五代个人别集的整理建树不大，大多沿袭明人，或翻刻、或重刻，抄本较多。追溯原因，主要是宋元明三代对唐人著作已经给予了足够的文献整理与刊刻，清人对前人别集的整理重点放在了宋元时期。尽管如此，也有数种唐人别集是以"全集"之名编印的，如清李调元、邓在珩编《李太白全集》16卷、《年谱》1卷，乾隆二十九年（1764）南隆邓氏刻；清顺治十六年（1659）

还读斋刻《杜诗分类全集》，但仅5卷，名实相违；光绪间刻《唐宋十大家全集》本《昌黎先生全集录》8卷，清储欣选，名为全集，实为选集；清乾隆六年（1741）刻《昌黎先生全集》40卷、《外集》10卷、《遗文》1卷、《传》1卷，当为名副其实的全本，此本的异编本或另刻本还有数种均是清人刊刻的；清冯浩笺注乾隆四十五年（1780）德聚堂刻《李义山诗文全集笺注》11卷（《玉谿生诗笺注》3卷、《樊南文集笺注》8卷）、《首》1卷、《附玉谿生年谱》1卷，是清人整理唐人别集的较有分量的一种。

　　清人在明人整理前人别集的基础上，对宋金元人别集的整理几乎是覆盖式的。绝大多数流传下来的宋金元人别集都有清代版本，甚至还有相当数量的别集是以抄本形式存在的。清人喜欢以全集的名义出版前人的别集，流传于世的宋金元时期重要的"全集"主要有：清康熙四十一年（1702）刻养食堂印《梅圣俞全集》60卷；清康熙十一年（1672）焉文堂刻《欧阳文忠公全集》153卷，此欧阳修全集本后还有至少5个版本问世；清乾隆三十三年（1768）赤溪书屋刻宋李觏撰《盱江先生全集》37卷；清康熙三十七年（1698）吴郡邵仁泓安乐居刻宋苏洵撰《苏老泉先生全集》20卷、《附录》2卷；清同治刻正谊堂全书本宋周敦颐撰、清张伯行订《周濂溪先生全集》13卷；清康熙三十二年（1693）南丰彭期七业堂刻宋曾巩撰《曾文定公全集》20卷；清乾隆六年（1741）陈氏培远堂刻宋司马光撰、清陈弘谋编《温国文正公文集》80卷、《目录》2卷、《附司马文正公年谱》1卷、《附录》1卷；清光绪九年（1883）听香馆刻宋王安石撰《王临川全集》100卷；清康熙间蔡士英刻《东坡全集》115卷、《目录》7卷，苏东坡全集清代有多个版本问世；清乾隆三十年（1765）江右宁州缉香堂刻宋黄庭坚撰《宋黄山谷先生全集》32卷、《外集》24卷、《别集》19卷、《首》4卷；清康熙四十五年（1706）宗文灿等刻宋宗泽撰《宋宗忠简公全集》12卷、《首》1卷、《末》1卷；清光绪二十七年（1901）武夷潘氏云屏山房刻本宋刘子翚撰《屏山全集》20卷；清光绪五年（1879）益阳丁氏养云书屋木活字宋陆游撰《放翁全集》157卷；清乾隆六十年（1795）带经轩刻宋杨万里撰《杨文节公诗文全集》88卷；清雍正八年（1730）紫阳书院刻宋朱熹撰、清朱玉订补《朱子文集大全类编》110卷、《首》1卷；清道光三年（1823）金溪陆邦瑞槐堂书斋刻宋陆九渊撰《象山先生全集》36卷；清道光二十八年（1848）延庆堂刻宋文天祥撰《宋丞相文山先生全集》16卷；清光绪间读书山房刻金元好问撰《元遗山先生集》40卷（附《考证》3卷）；清康熙五十二年（1713）曹培廉城书室刻元赵孟頫撰《赵文敏公松雪斋全集》12卷；清雍正八年（1730）刻元黄溍撰《文献公全集》11卷；等等。

  清人对明代全集的整理出版具有选择性，清人并未对明人别集和个人全集进行系统整理，对明人全集的重视不及宋元人全集。据统计，《中国古籍总目》共收以全集名义命名的明人126人，清人在此基础上重新修订再版或新编的仅有50人，不足明人的一半。其中比较重要的有：清乾隆二十三年（1758）芳树园刻明危素《危学士全集》14卷；清康熙四十八年（1709）彭始抟刻明宋濂《宋学士全集》32卷；清康熙间许氏竹素园刻明高启《高季迪先生大全集》18 卷；清光绪二十二年（1896）萧氏趣园刻明杨士奇《东里全集》37 卷；清康熙五十七年解以敬等刻明解缙《解学士文毅公全集》10 卷；清康熙间昆山叶氏赐书楼刻明叶盛《叶文庄公全集》30 卷；清康熙二十七年（1688）刻明李东阳《怀麓堂全集》100 卷；清嘉庆六年（1801）长沙唐仲冕刻明唐寅《六如居士全集》24 卷；清康熙十二年（1673）余姚俞嶙刻明王守仁撰《王阳明先生全集》22 卷；清乾隆十六年（1751）西河书院刻明韩邦奇《韩苑洛全集》22 卷；清康熙二年（1663）郑衍祖等刻明郑善夫《郑少谷先生全集》25 卷；清乾隆六十年（1795）新都周氏养拙山房刻明杨慎《太史升庵全集》81 卷、《遗集》26 卷、《外集》100 卷、《杨升庵先生年谱》1 卷；清康熙二十一年（1682）刻明归有光《归震川先生全集》30 卷、《别集》10 卷；清乾隆十年（1745）特恩堂刻明邹元标《邹忠介公全集》16 卷；清道光九年（1829）培原书屋刻明袁宏道《梨云馆类定袁中郎全集》24 卷；清道光四年（1824）刻明刘宗周《刘子全书》40 卷；清康熙五十五年（1716）致远堂刻明谢泰愚《谢天愚先生全集》35 卷；清同治八年（1869）刻明陈子龙《陈忠裕公全集》30 卷；等等。

  清人编纂全集类书籍，分为两种情形：一种是沿袭宋明传统而将个人诗文别集总类编为"全集"而不收作者诗文之外的其他论著；另一种是除将作者的诗文收集编辑外，还将其他论著一并编辑，总名为某某全集若干种或全书若干种，或遗书若干种，还有的不署全集、全书之名，而径直署某某集若干种、某某杂著若干种，此类书大多属于今人全集之概念，是将作者个人文字汇为一编而总名为全集，但仍有一些是将诗文、论著分开的，尽管有的署名为遗书若干种，此类情况要据原书而单独甄别。前一类情况，《中国古籍总目》著录于"别集类"；后一类情况著录于丛书部"独撰类"，其本义则是将其视为个人丛书性质。

清人十分重视本人或本宗先人、本地先哲著作的整理出版。在整理刊刻过程中，如果不能将作者作品全部收齐或不敢贸然宣称"全集"，则多以"遗书若干种"或"遗著汇刊若干"等字眼名之，但我们今人仍可将之视为类似全集性质，此类情形甚多。此据《中国古籍总目·丛书部·独撰类》将清人全集的主要刊刻情况列之于下：

清代前期所刊刻的名家全集著名的有：康熙间刻清孙奇逢《孙夏峰全集》12种附1种；乾隆九年（1744）传万堂刻清金人瑞《唱经堂才子书汇编》16种；宣统三年（1911）上海时中书局铅印本清黄宗羲《梨洲遗著汇刊》27种、《续补》3种附1种；康熙间刻清张履祥《杨园张先生全集》10种；清光绪间朱氏槐庐家塾刻清顾炎武《亭林先生遗书汇辑》23种、《附录》1种；同治四年（1865）湘乡曾氏刻清王夫之《船山遗书》45种、《补遗》1种、《补刊》3种；清康熙间书留草堂刻清毛奇龄《西河合集》119种；同治九年（1870）苏廷魁等刻清汤斌《汤文正公全集》7种；同治间刻清陆陇其《陆子全书》18种；清刻本清王士禛《王渔洋遗书》38种；乾隆元年（1736）李清植刻清李光地《李文贞公全集》39种；康熙间刻汇印本清高士奇《清吟堂全集》14种；康熙至嘉庆间刻汇印本清方苞《抗希堂全集》16种；乾隆至嘉庆间刻清袁枚《随园三十种》；乾隆间曲阜孔氏刻清戴震《戴氏遗书》13种；乾隆至嘉庆间湛贻堂刻清赵翼《瓯北全集》10种；乾隆至嘉庆间刻清钱大昕《潜研堂全书》16种；嘉庆至道光间刻清姚鼐《惜抱轩全集》10种；乾隆至嘉庆间刻清翁方纲《苏斋丛书》18种；乾隆至道光间金坛段氏刻汇印本清段玉裁《经韵楼丛书》11种；嘉庆至道光间陈履和刻清崔述《崔东壁先生遗书》8种附1种；光绪五年（1879）授经堂刻清洪亮吉《洪北江全集》21种；光绪间刻清方东树《方植之全集》14种；道光间刻清姚莹《中复堂全集》9种附1种；道光至咸丰间历城马氏刻清马国翰《玉函山房全集》12种等。清代后期清人所刊印的清人著名个人全集类书籍主要有：同治至光绪间传忠书局刻清曾国藩《曾文正公全集》15种；光绪二十七年（1901）刻清左宗棠《左文襄公全集》9种；同治间刻清胡林翼《胡文忠公遗集》5种；同治至光绪间刻清俞樾《春在堂全书》36种；光绪二十九年（1764）刻清曾国荃《曾忠襄公全集》4种附2种；同治至光绪间刻清陆心源《潜园总集》17种；光绪间无锡薛氏刻清薛福成《庸庵全集》7种；光绪三十年（1904）王恩绂等刻清吴汝纶《桐城吴先生全集》6种附2种；光绪间善化皮氏刻清皮锡瑞《师伏堂丛书》15种等。

　　清人对于作者全集的理解相较于宋元已发生了较大变化。宋元时期所整理的寥寥数种所谓全集，实际仍局限于诗文集部作品汇编，至明代后期则开始变化，明人已开始将作者个人的文字进行统编，多名之为"全集"，如明万历年间徐必达编并刻印宋邵雍《邵子全书》3种，收《皇极经世书》《皇极经世》《击壤集》，显然是将子部与集部论著合编。同时，徐必达还编刊有宋张载《张子全书》7种，也是同样的思路，将张载经部著作与集部文集汇编为一。明末毛氏汲古阁刻宋陆游《陆放翁全集》6种，其中收《南唐书》18卷，与其《渭南文集》《剑南诗稿》并刻，是将诗文与史部著作并刻并名为全集的。明人所编并刻印的宋人全集还有万历间金学增刻宋真德秀《真西山全集》7种。明人依此编辑思想编纂个人全集，成果较多地体现于当代作者著述的汇刊，多数名之为全集、全书、遗书，多数集中于万历年间及其后。明人所编此类汇刻书较多，略举数例，如明万历三十七年（1609）徐景凤刻明杨循吉《合刻杨南峰先生全集》10种，明万历间世经堂刻明王世贞《弇州山人四部稿》12种，明陈氏继志斋刻明李贽《卓吾先生李氏丛书》12种，明万历间刻汇印本明王世懋《王奉常杂著》14种，明万历四十六年（1618）新都江湛然刻明胡应麟《少室山房全稿》4种，明崇祯间刻明高攀龙《高子全书》8种，等等。将诗文别集与经、史、子部著作汇编汇刻汇印于一全编，实启于明人。

清循明例并将其发扬光大，汇编汇刊宋明时人的全集本，其数量超过明代。著名的清人汇编全集略举数例，如乾隆间刻清黄榕编宋周敦颐《周子全书》9种，光绪至宣统间长沙叶氏观古堂刻宋叶梦得《石林遗书》13种、康熙间吕氏宝诰堂刻宋朱熹《朱子遗书》15种，道光三十年（1850）张氏阳泉山庄刻《元遗山先生全集》9种，乾隆初吴氏家刻二十一年万璜校刻道光间补刻汇印本元吴澄《草庐吴文正公全书》13种，乾隆五十五年（1790）刻元许衡《许文正公遗书》15种，嘉庆六年（1801）长沙唐仲冕刻明唐寅《六如居士全集》6种，道光间刻明刘宗周《刘子全书》25种，康熙四年（1739）云书阁刻明陈龙正《几亭全书》5种，等等。明、清两朝编纂全集的共同之处是均十分重视对于同时代人的全集汇刊，这一点前面已有较多征引，此不赘述。

总体而言，清人尤重个人全集之编纂，其数量之多压倒前人，其规模之大也冠于古人。要言之，乃编辑思想更新使然，出版技术进步使然，时代稳定与跌宕使然。

八

从1912年中华民国成立到1949年中华民国结束在大陆的统治，尽管时间很短，但就出版业而言，民国时期却是颇值得认真研究与总结的一个重要历史时期。就出版业本身而言，它上接晚清以来的近代新式出版企业，下启中华人民共和国的新时代出版事业。在出版技术方面，民国年间继续大量引进并应用西方的近代印刷术，在此基础上积极开展印刷工艺技术的改进和发明以及印刷机械的仿制和制造，形成了以西方近代印刷技术为主、中国传统雕版印刷技术为辅的印刷业格局。中国所引进的西方近代印刷术，"主要包括以铅活字排版直接印刷和以铅活字版为母版，采用泥版或纸型翻铸成复制版，以及照相术用于印刷制版后产生的照相铅锌版进行印刷的凸版印刷术；以石版、珂罗版和照相平版、间接印刷的平版印刷术；以雕刻凹版和照相凹版（影写版）

进行印刷的凹版印刷术",这些技术在民国时期得到了广泛应用,并且形成了以商务印书馆、文明书局、中华书局、大东书局、世界书局等民族印刷企业为代表和主导的书报刊印刷格局。印刷复制技术的进步为大批量出版书籍奠定了良好的技术基础。民国时期短短几十年所印刷出版的书籍总量几与上千年雕版印刷书籍的数量相等,足可以说明印刷技术是影响出版业发展的重要因素。

在知识体系方面,国学与西学并行于民国社会。传统的经、史、子、集、佛藏、道藏六大类知识分类体系,与西方的社会科学和自然科学按学科分类的知识体系碰撞于同一个学术社会,中国传统的学术尽管受到较大冲击但仍具有深厚和广泛的影响力;同时,西学的引进也几乎是全方位的,西学作为学术思潮几乎是席卷式的,其思想和内容形式也影响到了中国社会的方方面面。换句话说,民国时期的学术开放程度是史无前例的,西方的学术思想往往在很短的时间内便被引入中国;同时,中国学者在引进译介的基础上与中国传统学术相结合或独立消化而撰写出属于本民族的学术著作,译介与创造并举,最终确立了中国式的现代学术体系与学术精神。民国时期学术思潮跌宕起伏,激进的、保守的、自由主义的三种学术潮流见解各异,针锋相对,论战迭起,来自西方的社会进化论、实用主义、人文主义、马克思主义、无政府主义等种种理论也纷至沓来并各自为阵,加入论战。尽管如此,各家却均以学术自由与学术理性和学术独立相标榜,正是这种现代学术精神促成了当时的学术繁荣,也正是当时思想自由、兼容并包的学术局面促进了以知识和思想为载体的出版业的快速发展。

与晚清有所不同，民国时期译介西方知识与学术，已成系统并以中国化为旨归，如在西方知识体系学科制度系统化方面，民国政府甫一建立，即于1912年10月颁布《大学令》，规定大学本科分文科、理科、法科、商科、医科、农科、工科，文科下分哲学、文学、历史学、地理学4门专业，法科下分法律学、政治学、经济学3门专业，商科下分银行学、保险学、外国贸易学、领事学、税关仓库学、交通学6门专业，理、工、农、医科的学科专业分类也基本与西方大学相近，此分类既标志着中国与西方知识体系的对接初步完成，也标志着中国式学科体系发端。西方学术思想与知识的译介和中国传统学术的赓续与创新在民国时期的出版物中都得到了充分的体现，换言之，民国的出版物也正是国学与西学的物质载体，只是学术与知识变迁的记录而已。

技术与学术是民国出版的两大基础。这两大影响因素，无独有偶，均处于新旧变革中。从印刷技术上讲，民国时期是以铅活字排印为主流，石印、雕印为辅助，它们共同构成印刷古籍和出版新书的技术格局。据此三大技术所出版的书籍，据《民国时期总书目》著录，共124 042种，其中大类分布情况大体为人文科学和社会科学著作约65 642种，自然科学著作约13 663种，文学创作类约13 500种，古籍整理类约26 859种，工具书与综合性书籍3 479种（此数字统计参考《中国出版通史·民国卷》《民国时期总书目》《中国现代文学总书目》）。社会科学类中哲学1 909种、政治学14 697种、经济学16 034种、法律4 368种、语言文字3 861种、历史学4 685种、地理学2 641种、教育学9 324种、社会学 2 854 种，文学理论 2 033 种，其余的学科所出版的种数不足千种，自然科学类书籍的学科分布更广更细。由民国书籍的学科分类，我们也可以从一个侧面了解自晚清至民国的学术变迁，民国学术已成为世界学术的一部分。新学已成为民国时期的主流，而新学的作者群体也远远大于旧学。

尽管如此，我们也不能忽视民国时期对历代古籍的整理、编纂与出版。《中国出版通史·民国卷》一书据《民国时期总书目》《善本古籍影印目录（1911—1949）》《中国丛书综录》《中国丛书综录补编》《中国丛书广录》《中国近现代丛书目录》6 种大型书目中著录的民国时期出版古籍统计，并用《商务印书馆图书目录（1897—1949）》《中华书局图书目录（1912—1949）》等目录校正，得出"民国时期民营出版业、图书馆等机构刻书、藏书家刻书三大系统共出版古籍 26 859 种"的结论，此一数量约占民国时期总出版物品种的五分之一。这一比例，不可小觑。

具体到民国时期个人独撰全集类书籍的出版，我们依然可以将其分为两大类：一类是民国时期所整理出版的前人全集，一类是民国时期作者的个人全集。

相对于丛书出版，民国出版更重视丛书的结集。据贾鸿雁统计，民国年间共出版丛书 6 358 种，而民国时期所出版的民国个人独撰全集类书籍，据《中国古籍总目》则只有 169 种，据《中国丛书综录》则只有 117 种，如加上民国时期所出版的宋元明清时期个人独撰全集类书籍 81 种，合计也只有 250 种左右。

民国时期所整理出版的前人全集类书籍主要集中于清代。民国时期所出版的宋人全集有两种，一种是民国二十四年上海大东书局铅印宋王安石《王安石全集》5种，一种是民国时期扫叶山房石印本宋姜夔《白石道人》7种；所出版的明人全集共5种，分别是民国时期上海国学昌明社石印本明唐寅《六如居士全集》6种、民国三十八年毗陵文献徵存社铅印明毛宪《毛古庵先生全集》3种，民国二十五年上海中华书局铅印明赵南星《清都散客》2种，民国十三年上海世界书局铅印明郑得潇《定云楼遗集》5种，民国二年汤寿潜铅印明朱之瑜《舜水遗书》4种。民国时期整理出版清人全集共74种，其中重要者有：民国五年苏州振新书社铅印清王时敏撰《王烟客先生集》5种附3种，民国间上海锦文堂石印清金人瑞《金圣叹全集》10种，民国八年上海扫叶山房石印清黄宗羲撰、薛昌凤编次《梨洲遗著汇刊》27种，民国五年上海文瑞楼石印清顾炎武《亭林先生遗书汇辑》23种附录3种，民国二十二年上海太平洋书店铅印清王夫之《重刊船山遗书》66种附1种，民国三十二年广西省乡贤遗著编印委员会铅印清陈弘谋《陈榕门先生遗书》12种附1种，民国三年上海会文堂书局石印清姚鼐《惜抱轩全集》10种，民国十三年博古斋影印本清翁方纲《苏斋丛书》18种，民国十一年吴兴刘氏嘉业堂刻本清章学诚《章氏遗书》7种外编10种，民国二十五年上海亚东图书馆铅印清崔述撰、顾颉刚编订《崔东壁遗书》前编2种本书8种附1种后编10种，民国时期资益馆铅印清蒋湘南《蒋子遗书》7种，民国二十九年贵州省政府铅印清郑珍《巢经巢全集》18种，民国二十四年上海东方书店铅印清曾国藩《曾文正公全集》15种，民国二十五年大东书局铅印清胡林翼《胡林翼全集》6种，民国十七年北京刻本清张之洞《张文襄公全集》14种，民国六年南京金陵刻经处刻本清杨文会《杨仁山居士遗著》13种，民国六年上海文明书局铅印清谭嗣同《潭浏阳全集》6种附续编等。

民国时个人别集或全集主要载于《中国古籍总目》和《中国丛书综录》。《中国古籍总目》中所著录的民国以来的独撰类著作共169种，《中国丛书综录》著录民国人士别集117种，《中国丛书综录续编》著录民国人别集36种。前后两书所著录的书目数量相差无几，基本上是重叠的，据此我们可以概知民国时期所出版的时人别集的概貌。此中，有少数作者尽管被列入民国，但其文学活动则基本属于晚清，且其别集也于晚清出版，这些作者主要有王闿运、陈作霖、陈澹然、姚文栋、李滨、易顺鼎、潘飞声、况周颐、叶德辉、曹元忠、顾鸣凤等11人。另，未出版而以稿本存世者有22种。民国年间所出版的民国人士全集较为重要的有：民国十二年长沙王氏印本王闿运《王湘绮先生全集》26种，民国十一年秋浦周氏石印本周馥《周悫慎公全集》10种，民国间刻本沈家本《沈寄簃先生遗书》甲编2种乙编4种，民国十八年吉林奭氏铅印本奭良《野棠轩全集》5种，民国十年四川存古书局汇印本廖平《新订六译馆丛书》89种，民国九年苏州交通图书馆汇印本《大鹤山房全书》10种，民国二十二年刻本魏元旷撰《魏氏全书》38种，民国刻本杨增新《补过斋全集》6种，民国二十年铅印本张翼廷《寄寄山房全集》7种附1种，民国六至八年浙江图书馆刻本章炳麟《章氏丛书》13种，民国年间退庐刻本胡思敬《退庐全书》12种，民国间木活字印本钱振锽《名山全集》34种，民国十六年海宁王氏铅印王国维《海宁王忠悫公遗书》44种，民国二十五年宁武南氏铅印刘师培《刘申叔先生遗书》70种附2种，等等。此外，民国二十五年上海中华书局印行的梁启超《饮冰室合集》，1938年上海复社出版的《鲁迅全集》也都是极其重要的全集类出版物。

最后，还需要关注的是，民国人士在编纂整理出版当代人物的全集时，已经开始有意识地将个人的所有文字汇编汇刊，不再局限于诗词文赋等创作作品，这一编辑思想在王闿运、廖平、王国维、梁启超、鲁迅等人的全集编纂中尤为突出，尽管以上诸人的所谓"全集"并未尽收，但其编纂所有文字的努力却是有目共睹的，这一编辑思想直接影响到中华人民共和国时期的全集类出版物的出版。

九

中华人民共和国成立后，中国的出版历史进入了新的历史时期。无论是出版规模、出书品种，还是印刷技术的进步，相较20世纪上半叶都有巨大的进展，并且是革命式的突破。宏观而言，可分两个时期：1949年新中国成立至1978年中国改革开放，1978年改革开放至今。中国作者个人全集的出版，也同样可以据此而分期。改革开放之后，全集类出版物可以再细分为两个时期，以2000年为界，1978年至2000年为前期，2000年之后为后期。21世纪是中国个人全集出版的最辉煌时期。

改革开放之前内地所出版的中国作者个人全集类书籍，目前所见只有两种。一种属于古籍整理。1957年中华书局出版清王琦辑注《李太白全集》（全四册），此书1977年又出版了全三册的重印本。另一种是《鲁迅全集》。1958年人民文学出版社出版了加有注释的10卷本《鲁迅全集》，此版名为"全集"，但仅收了鲁迅的创作、评论和文学史著作，翻译和编校之作则另行出版。1973年，人民文学出版社据1938年《鲁迅全集》初版重排，进行一些删改，卷数为20卷，但仍不全。此后，人民文学出版社又于1981年、2005年分别推出新版《鲁迅全集》，译文部分仍未收入。改革开放之后，《鲁迅全集》仍是出版热点，是全集类中重版、重编最多的，前后有超过10个版本面世，不再赘述。

20世纪80年代是新时期中国全集类书籍出版的拓荒期。这一时期，所出版的全集类书籍数量尽管不多，但其创新性却不容忽视。其主要特点是以新的视角、新的编纂思想、新的编校方法对重要历史人物的著作进行重新整理，如岳麓书社在20世纪80年代启动了《曾国藩全集》《左宗棠全集》《魏源全集》《船山全书》的编辑出版，这四大全集在20世纪80年代末均有部分成果问世。新编全集并出版阶段成果的还有上海人民出版社的《章太炎全集》、中华书局的《王国维全集》、浙江古籍出版社的《黄宗羲全集》、上海古籍出版社的《康有为全集》、河南人民出版社的《三松堂全集》等。全集编纂出版大多旷日持久，20世纪80年代实为全集类书籍出版的奠基期。

20世纪80年代初所出版的全集主要有：1981年中华书局版《孙中山全集》（全11册）、《谭嗣同全集》，1982年生活•读书•新知三联书店版《闻一多全集》（全4册），1985年江苏古籍出版社版《金圣叹全集》等。同时，20世纪80年代也是影印全集类书籍出版的起步期，比较重要的有：1983年上海古籍出版社《徐光启著译集》，1983年江苏广陵古籍刻印社影印清姜宸英撰《姜先生全集》，1985年中国书店影印《郑板桥全集》《苏曼殊全集》，1986年中国书店影印《诸葛孔明全集》《欧阳修全集》《苏东坡全集》《陆放翁全集》《桐城吴先生全书》等。

20世纪90年代是中国全集类出版的兴起期。这一时期的出版特点是除继承80年代以来的注重编纂历史人物全集的优秀传统外，更将全集出版的视野拓展到现当代人物，除古籍整理者外，在所出版的新编全集总量30多种中，当代人物全集几占一半。以出版年代为序，较为重要者有：1993年湖北人民出版社《闻一多全集》（全13册），1994年海峡文艺出版社《冰心全集》，1996年花山文艺出版社《曹禺全集》，1996年河北人民出版社《张岱年全集》（全8册），1996年湖南美术出版社《齐白石全集》（全10卷），1996年大连出版社《张爱玲全集》（全16册），1997年花山文艺出版社《俞平伯全集》（全10卷），1998年安徽教育出版社《邓以蛰全集》，1999年河北教育出版社《冯至全集》，1999年河北人民出版社《汤用彤全集》，1999年安徽大学出版社《刘文典全集》，1999年浙江人民出版社《马寅初全集》（全15卷），1999年湖北人民出版社《胡风全集》（全10卷）等。此外，1995年上海人民出版社的《韬奋全集》，1997年北京出版社的《梁启超全集》等近人的全集出版也是重要的出版成果。

20世纪90年代是中国古籍整理、校点校注、新编古人全集的拓展期。从数量上而言，大大超过前一个时期。较为重要者有：1991年浙江古籍出版社《李渔全集》，1992年上海古籍出版社《王阳明全集》，1993年上海古籍出版社《冯梦龙全集》，1994年浙江古籍出版社《黄宗羲全集》（全12册），1994年江苏古籍出版社《张謇全集》（全7册），1994年岳麓书社《曾国藩全集》（全30册），1996年人民文学出版社《屈大均全集》，1996年上海古籍出版社《李白全集》，1996年百花文艺出版社《李白全集校注汇释集评》，1996年上海古籍出版社《杜甫全集》，1996年四川大学出版社《韩愈全集校注》（全5册），1996年珠海出版社《白居易全集》，1996年珠海出版社《苏东坡全集》（全6册），1996年岳麓书社《左宗棠全集》，1997年海南出版社《李鸿章全集》（全9册），1997年上海古籍出版社《王维全集》《李白全集》《杜甫全集》《韩愈全集》《杜牧全集》，1997年江苏古籍出版社《李伯元全集》（全5册），1998年北京古籍出版社《汤显祖全集》（全4册），1998年江苏古籍出版社《钱大昕全集》，1999年上海古籍出版社《王安石全集》，1999年中州古籍出版社《丁耀亢全集》，1999年上海古籍出版社《吴梅村全集》，1999年清华大学出版社《戴震全集》（全6册），等等。

21世纪是中国全集出版的鼎盛时期。据不完全统计，自2000年至2017年所出版的全集类出版物超过200种，呈现两个突出的特点：一是以现当代作者的全集为主体，二是以整理清代人物全集为主体。从数量上言，现当代作者的全集出版数量超过清人全集的出版数量。

以当代人全集出版为己任是中国出版的优秀传统。出版当代人全集数量最多成果最为丰硕的是河北教育出版社，先后计有：2001年版《程千帆全集》、《沈祖棻全集》（全4卷）、《邓广铭全集》（全10册），2002年版《范文澜全集》，2003年版《吴世昌全集》《李何林全集》，2004年版《缪钺全集》《王淦昌全集》，2008年版《翦伯赞全集》（共10册），2014年版《顾随全集》，2016年版《詹锳全集》等。作为地方出版的一分子，河北的出版社尤其重视全集类出版物出版。除河北教育出版社外，河北人民出版社出版了《何其芳全集》《丁玲全集》，河北大学出版社出版了《漆侠全集》。此前，花山文艺出版社还出版过曹禺、俞平伯的全集。地方出版社以出版全集类出版物为重点方向，河北出版与湖南出版给人的印象最深。

出版乡邦文献，尤其是整理、编纂、出版地方先哲的全集，始终是地方出版社的一大责任和一大特点。各地方出版社自改革开放以来大多规划了当地古代、近现代大家名家的著作出版。如河南人民出版社20世纪80年代中期即开始陆续出版《三松堂全集》《赵纪彬全集》《嵇文甫全集》，之后河南大学出版社于2004年出版《师陀全集》、2013年出版《袁世凯全集》。浙江出版乡邦文献也尤为用力，2005年浙江古籍出版社出版《黄宗羲全集》，2005年浙江文艺出版社出版《夏衍全集》，2007年浙江古籍出版社出版《刘宗周全集》，2007年浙江大学出版社出版《郁达夫全集》，2008年浙江古籍出版社出版《吕祖谦全集》，2010年浙江教育出版社出版《王国维全集》，2011年浙江大学出版社出版《沈括全集》，2013年浙江古籍出版社出版《马一浮全集》，2013年浙江大学出版社出版《黄震全集》，2013年宁波出版社出版《万斯同全集》，2014年浙江古籍出版社出版《李渔全集》，2016年浙江古籍出版社出版《陈登原全集》，等等。安徽出版人对于乡贤全集的出版也不遗余力，2003年安徽教育出版社出版《胡适全集》，2005年黄山书社出版《俞正燮全集》，2006年安徽教育出版社出版《阿英全集》，2007年安徽教育出版社出版《李鸿章全集》，2013年安徽大学出版社出版《刘文典全集》，等等。湖南出版人历来重视全集出版，曾引20世纪80年代全集出版风气之先，进入21世纪仍然重视湖湘乡贤全集出版，如2004年岳麓书社出版《魏源全集》（20册），2009年岳麓书社出齐《左宗棠全集》，2012年岳麓书社出版《郭嵩焘全集》，2013年湖南美术出版社出版《黄永玉全集》，等等。湖北出版人对荆楚名家全集的出版也十分重视，进入21世纪以后，也先后出版了多部鄂籍作者全集，如2001年湖北教育出版社出版《熊十力全集》，2004年武汉出版社出版《聂绀弩全集》，2004年湖北教育出版社出版《李时珍全集》，2005年湖北人民出版社出版《萧乾全集》，2008年武汉出版社出版《张之洞全集》，等等。江苏人文鼎盛，近来也重视全集出版，2007年凤凰出版社出版《冯梦龙全集》，2008年凤凰出版社出版《金圣叹全集》《周亮工全集》，2009年凤凰出版社出版《赵翼全集》，2014年凤凰出版社出版《冒辟疆全集》，等等。此外，福建出版中，2002年海峡文艺出版社出版《林则徐全集》，2011年厦门大学出版社出版《余潜士全集》，2014年福建教育出版社出版《严复全集》，对地方文献整理也具有相当贡献。属于地方出版社出版的全集类书籍，举其重要者还有：2003年云南人民出版社出版的《姜亮夫全集》，2003年齐鲁书社出版的《宋琬全集》与2007年齐鲁书社出版的《王士禛全集》，2011年黑龙江大学出版社出版的《萧红全集》，2011年江西人民出版社出版的《黄庭坚全集》，2011年四川文艺出版社出版的《李劼人全集》和2014年四川文艺出版社出版的《艾芜全集》，2015年巴蜀书社出版的《蒙文通全集》，等等。

对清人全集的整理、编纂、出版是21世纪中国出版界的重要成果，也是一大特点。中国历来有隔代整理文集、全集的传统，对清人书籍的关注也不例外。进入21世纪，以古籍出版社为主体，出版了30多种清人全集。重要的有：2003年上海古籍出版社出版的《钱牧斋全集》，齐鲁书社出版的《宋琬全集》；2004年岳麓书社出版的《魏源全集》；2005年浙江古籍出版社出版的《黄宗羲全集》，黄山书社出版的《俞正燮全集》；2007年齐鲁书社出版的《王士禛全集》；2008年凤凰出版社出版的《金圣叹全集》和《周亮工全集》；2009年岳麓书社出版的《左宗棠全集》，凤凰出版社出版的《赵翼全集》；2010年中华书局出版的《王鸣盛全集》；2011年上海古籍出版社出版的《顾炎武全集》；2012年岳麓书社出版的《郭嵩焘全集》；2013年上海古籍出版社出版的《黄以周全集》；2014年浙江古籍出版社出版的《李渔全集》，凤凰出版社出版的《冒辟疆全集》；2015年中华书局出版的《吕留良全集》；等等。此外，2007年中国人民大学出版社出版的《康有为全集》，安徽教育出版社出版的《李鸿章全集》，2008年武汉出版社出版的《张之洞全集》；2012年上海辞书出版社出版的《张謇全集》；2013年河南大学出版社出版的《袁世凯全集》，宁波出版社出版的《万斯同全集》；2015年学苑出版社出版的《毛奇龄全集》；等等。以上也是十分重要的清人全集。

进入21世纪，出版数量最多的是现当代著名大家的全集。全集类出版物历来被视为出版的皇冠。出版社也争相将其视为镇社之宝，视为树立品牌价值的重要出版工程。在新世纪推出全集最为突出的是上海古籍出版社，计15种；中华书局12种；人民文学出版社9种；人民出版社5种；九州出版社5种；上海人民出版社3种，社会科学文献出版社3种；外语教育与研究出版社2种；等等。比较重要的全集为：2000年人民文学出版社出版的《巴金全集》；2004年人民文学出版社出版的《孙犁全集》；2005年天津人民出版社出版的《徐志摩全集》；2007年中国建筑工业出版社出版的《梁思成全集》；2009年时代文艺出版社出版的《臧克家全集》；2010年安徽大学出版社出版的《陈垣全集》；2010年清华大学出版社出版的《叶君健全集》；2010年中华书局出版的《顾颉刚全集》；2010年人民文学出版社出版的《柏杨全集》；2010年外语教学与研究出版社出版的《季羡林全集》；2011年北京师范大学出版社出版的《启功全集》；2011年社会科学文献出版社出版的《罗尔纲全集》《郁达夫全集》；2013年人民出版社出版的《李大钊全集》《史念海全集》；2013年北京出版社出版的《谢国桢全集》；2013年九州出版社出版的《吴稚晖全集》；2014年人民文学出版社出版的《汪曾祺全集》；2014年九州出版社出版的《钱穆先生全集》；2014年人民出版社出版的《恽代英全集》《吕振羽全集》；2015年上海古籍出版社出版的《吕思勉全集》《蒋百里全集》《唐兰全集》《廖平全集》；2015年中华书局出版的《王力全集》；2015年长春出版社出版的《侯外庐全集》；2015年北京工业大学出版社出版的《蒋百里全集》；2016年九州出版社出版的《唐君毅全集》；2016年上海文化出版社出版的《郑君里全集》；2016年外语教学与研究出版社出版的《王佐良全集》；等等。

还需要强调指出的是，改革开放之后的全集类出版物的编辑思想是务求全部收入作者个人的作品，而不再局限于文体，这一指导思想是对中国汉代编辑思想的回归，但同时又具有新时代的特点。概论之，求全是新时代全集编纂的共同追求，尽管收全在大多数情况下是不可能的。

自改革开放以来，中国出版逐步成为世界出版的重要组成部分。进入21世纪，中国出版的品种总量已跃居世界首位。随着改革开放的深入，国际版权贸易日趋活跃，中国已成为版权输入大国，正在成为版权输出大国。同时，随着计算机技术、信息技术、通信技术、互联网技术的综合性数字化应用，中国也已成为数字出版大国，数字出版已经成为21世纪中国出版的基本特征。这些变化也毫不例外地波及中国的全集出版。具体说来，改革开放以来，中国的全集出版相较于20世纪初叶、中叶，具有三个方面的拓展：

其一，大量的外国文学名家全集被译介为中文。在20世纪上半叶，译介的外国名家全集寥若晨星，最为著名的是朱生豪译《莎士比亚全集》和梁实秋译《莎士比亚全集》。进入20世纪90年代，翻译世界名家全集蔚然成风，成就最大者当数河北教育出版社，其自1994年以来所出版的外国文学名家全集主要有：《纪伯伦全集》（1994）、《屠格涅夫全集》（1994）、《卡夫卡全集》（1996）、《莱蒙托夫全集》（1996）、《勃朗特两姐妹全集》（1996）、《巴赫金全集》（2000）、《雪莱全集》（2000）、《泰戈尔全集》（2000）、《普希金全集》（2001）、《果戈里全集》（2002）、《平山郁夫全集》（2002）、《加缪全集》（2002）、《维特根斯坦全集》（2003）、《海涅全集》（2003）、《陀思妥耶夫斯基全集》（2010）等。人民文学出版社除多次修订再版《莎士比亚全集》外，还出版《塞万提斯全集》（1996）等外国文学全集。浙江文艺出版社也十分注重外国文学全集的出版，相继出版《博尔赫斯全集》（1999）、《特拉克尔全集》（2006）、《普希金全集》（2012）等。比较重要的外国文学名家全集还有：时代文艺出版社《略萨全集》（2000），东方出版社《兰波作品全集》（2000）、《洛特雷阿蒙作品全集》（2001），浙江工商大学出版社《狄更斯全集》（2012），上海译文出版社《狄金森全集》（2014），漓江出版社《巴别尔全集》（2016）等。同时，非文学类世界名家全集译为中文出版也是全集类出版物的重要一支，著名的全集有：中国人民大学出版社《亚里士多德全集》（1995）、《尼采全集》（2013），人民出版社《柏拉图全集》（2003），上海音乐出版社《肖邦全集》（2007），华东师范大学出版社《杜威全集》（2015），商务印书馆《卢梭全集》（2012）等。最后，值得特别强调的是，人民出版社所组织出版的国家级出版工程《马克思恩格斯全集》《列宁全集》《斯大林全集》是新中国最重要的全集类出版成果。

其二，海外中文全集的出版也备受重视，两岸三地互动逐步深入。香港、澳门、台湾的全集类书籍因限于资料原因，不能评述，只可略述梗概。所见者录其要者有：中央文物供应社《张溥泉先生全集》（1951），联经出版事业公司《傅斯年全集》（1980）、《牟宗三先生全集》（2003），远景出版事业公司《吴新荣全集》（1981），远流出版事业公司《李敖全集》（1985），皇冠文化出版公司《张爱玲典藏全集》（1991）、《琼瑶全集》（1994），猫头鹰出版社《新莎士比亚全集》（2000），台湾商务印务馆《波赫士全集》（2002），台湾文学馆筹备处《张秀亚全集》（2005），文史哲出版社《墨人博士作品全集》（2011），香港槐风书社《胡兰成全集》（2016），台湾学生书局《唐君毅全集》（1991）等。台湾的全集出版还需要进一步的研究，仅从以上书目而言，台湾的出版界更偏重于商业性，一些畅销书作家进入全集出版视野则是明证。因海外市场狭小，台湾地区的全集出版远不及大陆发达。不过，即便如此，台湾学者与出版界严谨的学术态度依然得到了大陆同行的认可，台湾地区出版的诸如傅斯年、胡适、钱穆、唐君毅、徐复观等人的全集均在大陆出版了简体字版，两岸在全集出版上的交流可视为华文出版在新世纪的新拓展。

其三，数字出版技术为21世纪全集出版的繁荣提供了技术条件，同时也为全集出版提供了新的载体形式和传播方式。自20世纪80年代中后期，我国激光照排技术应用于印前阶段，尤其是进入21世纪以来，排版、校对、编辑加工、印刷复制等出版环节无一不采用计算机技术，其出版效率与速度是任何一个时代都无法比拟的。数字出版技术为出版产业的高速发展奠定了技术基础。21世纪中国能够出版超过200种鸿篇巨制式的全集书籍，其关键因素在于数字技术的应用。换言之，数字技术是推动全集出版的重要动因。数字技术对于全集出版的改变还不止于此，更具革命性的是它改变了全集书籍的介质形式和传播方式，已经出版过的绝大多数的全集类书籍均被出版单位或其他好事者转为PDF格式或其他电子图书格式，这些电子图书可通过计算机阅读或类计算机阅读器阅读，并可通过网络传播，也可以存储于互联网云端而随时随地供用户阅读。而正在出版的新的全集类书籍基本上以纸质和电子介质两种形式出版，供两种不同的渠道传播，数字化出版为全集类书籍出版提供了巨大的发展空间，这是中国出版史上亘古未有的新变革。

　　未来，中国全集出版将揭开新的篇章，它将进入全新的数字时代，它将进入全面数字化时代。随着智能化、大数据、移动互联技术的快速发展和应用，全集类书籍的面貌将会被彻底改变，它不再是单纯的纸质载体形式，也不再是目前的电子书格式，它将演化为集文字符号、图形图像、音频、视频为一体，构成一种用数字存储的、可以立体呈现的、可随意检索的微型数据库形式的新的出版物，全集的边界将因数字化而得到全新的拓展。出版的边界仍然处在持续扩张中，全集出版亦如此。

第十二章 华夏文明传承创新的数字化思考

在人类历史的发展进程中,中国正处于农耕文明、工业文明、信息文明三种文明交织、交汇、交融的发展阶段,这一历史图像完全不同于西方工业化发达国家的线性历史发展进程,由农耕文明而工业文明,由工业文明而信息文明。三种文明在同时空竞相发展的同时,必然也带来思想的迷茫、文化的困惑和文明的冲撞。如何以信息文明的技术与思维刷新、革新、创新工业文明与农业文明,工业文明如何顺应、适应和应用数字技术以再次革命并以新的生产方式和升级状态融入信息文明,农耕文明的文化遗产如何传承扬弃和簇发新绿,这一系列问题,已成为当下中国各阶层人群不得不思考的问题。无疑,在这一大时代背景下提出中华文明的走向研究,提出华夏文明的传承与创新,自然具有十分重要的现实意义。下面,结合国家战略之一——华夏文明传承创新实验区,结合中原文化和出版产业发展,谈几点自己的看法。

一

信息技术加速了全球化的进程,迫使处于不同文明形态的国家和民族站在了同一个历史舞台上,迫使每一个国家不得不重新定位自己在全球中的角色,迫使每一个国家不得不调整自己的发展方向和发展道路。作为历史悠久、人口最多、经济体量庞大的国家,毫不例外,中国也正处于文明发展的转型中。

当今世界文明的发展,呈现以下四个特点:

第一,全球化。就历史发展阶段而言,农耕文明最早的五个发源地——古巴比伦、古埃及、古希腊、古印度、古中国,均是在相对隔绝的状态下独自发展的。工业文明是建立在地理大发现的基础上而发展起来的一种新型社会文明,它始于18世纪80年代英国的工业革命,随后迅速波及欧洲诸国,首先是产业和经济革命,其次是社会革命,最后是文化革命。如果说15世纪末16世纪初地理大发现标志着全球化的开始,那么工业革命则是全球化的催化剂,殖民地及其市场成为全球化中的首批牺牲品。信息革命发轫于20世纪50年代的美国,以数字技术为基础,经过计算机革命、互联网革命、带宽革命等一系列让人眼花缭乱的技术革命后,世界上任何一个国家无不被信息技术所绑定,全球化的链条将世界各国越绑越紧。从此,世界各国不得不在紧紧相偎中明争暗斗。在相互依赖中竞争已是中国人必须学会的一种新的文明发展策略。

第二,差异化。由于所处的地理环境不同,不同文明所选择的制度以及发展道路不同,科技发展水平不同,当今世界各国经济、社会发展处于严重失衡状态,国与国之间差异十分巨大。美国是信息文明的揭橥者,它引领全球进入信息文明时代,它不仅是数字技术的首创者和领先者，同时也是信息文明游戏规则和各种标准的制定者，它已经发展成为高度发达的信息社会，信息技术高度发达并由此而产生了庞大的信息经济、数字化工业和相关信息产业，信息化的社会关系和初露端倪的信息哲学、信息思维和信息观念均走在世界各国的前面。在美国的带领下，欧洲国家、日本等迅速跟进，已成为新文明大国，仅落后于美国。中国、俄罗斯、巴西、印度等国家又落后于这些发达国家。而广大的非洲、拉美国家在信息文明的建设过程中已经沦为落后国家。这种巨大落差造成信息生产量、信息拥有量、信息应用量的巨大不平衡，与此相匹配的是知识话语权、政治话语权和经济发展权的不平衡。信息差异化应是我们创新文明发展的原动力之一。

第三，个性化。与工业文明追求大规模大批量机器化生产不同，信息文明崇尚的却是通过信息技术改造工业机器而使之在生产领域满足特殊定制、小批量生产、个性化服务。在生产关系中，工业化的产业工人是生产线上的机器，必须互相紧密协作与配合才能进行生产，而信息技术却将机器软件数字化，只需数人甚至一人与机器相协调，并可根据需要适时调整生产流程、节奏和规模，生产关系也逐步走向个性化，产业工人之间的团结纽带正在松懈。在人与人之间的关系层面，信息文明正在推进人类从熟人社会向陌生人社会过渡，无论是农耕文明还是工业文明，人们在生产生活中均以互相熟知为基础，但信息文明所创造的推特网、脸谱网、QQ群、微信群等，以及在生产过程中的数字化传输和远距离分工乃至独立操作的3D打印，无一不适用于陌生交往。为了拉近人与人之间的距离，人们纷纷在互联网上寻找与自己兴趣相近的群体，未来社会将由建立在虚拟空间的成千上万个兴趣小组构成。这一社会结构也许会消解目前国家、民族之间的张力，但它将文化共识、思想共识、宗教共识推至权力持有者面前。个性化消解权力，却助长了文化的影响力。利用数字技术传承传统文化，利用数字技术创造新的时代文化，并借助信息技术扩大其影响力，吸引更多更大的共识应是中华文明复兴的重要思考题之一。

第四，合作化。数字技术是一种技术标准竞争的技术，一旦一种技术标准确立其主导地位，它又转化成在一种技术标准框架内各用户必须合作的技术，各用户都必须在这个技术标准下进行再开发再应用再推广。标准上是竞争关系，应用上又是合作关系，而标准与标准之间，目前又是朝着兼容并存方向发展。兼容越来越成为共识，这一共识却又越来越要求标准更加单一。标准的单一化意味着技术权力的集中，技术集权必然带来经济集权、话语集权与政治霸权。美国已经成为数字技术集权和信息文明霸权的象征，一旦霸权形成必然招致众多的反对之声。试图建立更多的技术标准，推动技术标准多样化，已成为一种全球不同文明国家的共同呼声。但这种技术民主的呐喊，似乎忘记了数字根技术、数字信息根服务器均在美国掌控中的现实。信息文明中似乎充满了悖论。但无论如何挣扎，由数字技术所引发的社会变革已不可逆转，人们只有走向对话、互动、协同以及合作，才符合数字文明的逻辑。因此，中华文明如何扩大与世界各文明尤其是扩大与美国信息文明的对话，如何在传统技术和信息技术以及在经济、社会、文明等诸层面扩大与世界各国的互动，如何协同创新与世界各国的平等合作，同样成为中华民族伟大复兴之路上需要破解的问题之一。

当下，全球化、差异化、个性化和合作化的时代特征为我们传承创新华夏文明提供了一把开启未来之门的钥匙。全球化将为我们提供前所未有的市场，差异化将为我们提供文明创新的巨大动力，个性化将为我们指明技术进步和哲学思考的方向，而合作化则为我们凝聚人类共识。共同发展、共赢发展、共享发展成果将是信息文明时代的本质所在。当今时代的四种趋势是我们传承创新华夏文明的立足点、出发点和创新点。

二

从线性历史角度考察，中原地区不仅是中华文明的摇篮，并且还长期是文明发展的核心区和中心区，同时，这也是中华文明向外传播的出发地和中华文明创造发展的创新之地。

中原地区是中华文明诞生、成长、发展和鼎盛繁荣的核心区和中心区。中原地区在地理位置上居中国之中，在中华民族5 000年文明史上，中原作为中国的政治、经济、文化中心长达3 000多年，有近20个王朝建都于此，200多位皇帝执政于此。夏代自公元前21世纪立国，历17帝王400余年，都城屡迁，但其都城基本在河洛之间。商自公元前16世纪灭夏立国，至公元前1046年国灭，历17世30王约500年，《史记·殷本纪》谓汤至盘庚凡五迁都，都城所在地均在河南。周分西周、东周，自公元前1046年至公元前256年秦亡东周，凡790年。西周定都镐京（今西安市附近），但灭商七年后又在洛水之滨营建东都洛邑（今洛阳市），形成西、东两都制。公元前771年平王东迁洛邑为都城，洛邑成为唯一都城。其后，东汉、三国魏、西晋、北魏（自孝文帝）均都洛阳。隋唐均都长安，但东都洛阳仍居全国政治中心地位。五代之后梁、后晋、后汉、后周均都开封，后唐都洛阳。北宋都开封，但又设西京（今洛阳），南京（今商丘）为陪都。自公元前21世纪至公元12世纪，3 000多年来中原地区始终处于都城所在地或京畿畿辅地位，长期位居中华文明繁荣发展的中心区和核心区，这一无可匹敌和无可替代的地理区域优势正是华夏文明传承创新实验区的坚实基础。

中原地区是中华文明的发源地。据考古发现，河南已发现旧石器时代遗址和人类化石地点70多处，其中著名者为距今约四五十万年前的"南召猿人"，距今80 000—100 000万年的"许昌人"。新石器时代，发现于新郑的"裴李岗文化"，距今8 000—7 000年。在中原地区已发现"裴李岗文化"遗址150余处，其遗存范围与传说中的三皇活动区域基本吻合。继起的是发现于渑池的"仰韶文化"，距今约7 000—5 000年，在河南境内发现仰韶文化遗址1 000多处，分布范围遍及河南全境。按其文化特征，可划分为以三门峡为中心的庙底沟类型，以嵩山为中心的大河村类型，以豫北为活动区域的后岗类型和以豫西南为活动区域的下王岗类型。新石器时代晚期，仰韶文化发展为中原龙山文化，距今约5 000—4 000年。早期中原龙山文化遗址主要分布在三门峡、洛阳、安阳、郑州等地，而南阳以屈家岭文化为特征，周口以大汶口文化为特征，信阳、驻马店则兼有屈家岭文化和大汶口文化。距今4 600年左右，屈家岭文化和大汶口文化同时消失，为河南龙山文化所替代。这一时期以制陶而闻名，其活动地区与活动时间，大体上与"五帝传说"事迹相符合。《竹书纪年》《史记》等文献记载，伏羲生于成纪（今甘肃天水），都于陈（今淮阳）。炎帝号朱襄氏，都于朱（今柘城）。黄帝号有熊，都新郑。颛顼，高阳氏，都帝丘（今濮阳）。帝喾，号高辛，邑于高辛（今商丘），都亳（今偃师），葬顿丘（今内黄）。尧为帝喾之子，号陶唐，都平阳（今山西临汾西南金殿镇）。舜生于姚墟（今濮阳附近），舜耕历山，渔雷泽，陶河滨以及负夏（瑕丘），其地均在今濮阳县境内。舜禅让禹，禹传子启，启都阳城（今登封），夏王朝建立，国家制度逐步建立与完善。"五帝"时期的考古发现已经可与文献记载相印证，这一时期的伟大发明开创了其后夏、商、周时代的文明基础。创始与奠基时期的中华文明，其渊薮无一不与中原地区有关，如农耕技术、天文历法、青铜文化、刻画符号以及甲骨文字、国家制度以及河图洛书的数理思想，《易》之诞生以及诸子百家哲学思想的孕育成熟，等等。中原地区是中华文明的发源地，这一无可辩驳的史实以及丰厚的农耕文明遗产，已经成为当下我们传承创新传统文化的一座宝库。

中原地区是中华文明的传播地。中原地区的文明向外传播大致经历三个历史时期：一是中华文明的奠基时期，二是中华文明的成熟时期，三是中华文明的鼎盛时期。新石器时代，中原地区先后发展起裴李岗文化、仰韶文化、河南龙山文化，在其周边分布有甘肃大地湾文化（约公元前5850年—前5400年）、甘肃马家窑文化（约公元前3300年—前2050年）、山东龙山文化（约公元前2900年—前1900年）、内蒙古红山文化（约公元前3500年左右）、山东大汶口文化（约公元前5400年—前2500年）、四川大溪文化（约公元前4400年—前3300年）、湖北屈家岭文化（约公元前3500年—前2600年）、浙江河姆渡文化（约公元前5000年—前3300年）、良渚文化（约公元前3300年—前2200年），等等。这些文化尽管各有特点，但它们均不同程度地受到了中原文化的影响。中原仰韶文化、龙山文化成为各文化区的中心，居中而向外辐射，并成为各文化的联系纽带。以炎帝、黄帝两部落结盟为标志，华夏族群崛起于中原地区，其后裔递次所建之夏、商、周王朝，更是据中原、据黄河中下游而向四周扩张。居长江上游的大溪文化，其陶器中有黑陶、彩陶，显然受到了中原仰韶文化、龙山文化的影响，而三星堆文化显然受到了夏、商文化的影响。长江中游的楚文化，早在屈家岭文化晚期，其文化遗存中已含有河南龙山文化的特征。商周时期，中原文化更是大举南下，中原文化已是楚文化的精神主干。商居殷后，至武丁时国势最强，其征伐西北至羌方，北至鬼方，势力达到今河套地区，又南征荆蛮，军力进于江淮。周灭商后，周公分封诸侯立国，"以藩屏周"，其封国北至燕（都蓟，今北京市），南至楚（都丹阳），东南至吴（都蕃离，今浙江杭州萧山区），西至渭水上游的秦。春秋战国时期华夏文明继续向周边扩张，至秦统一中国，华夏文明随着书同文、车同轨而拓展到了前所未有的空间，北至辽东、河套，西至陇西，西南至蜀、滇，南至桂林、象郡，东延至海。华夏文明至秦汉进入新的历史时期，以汉民族为主体的汉文化进入成熟成型期，其文化传播达到葱岭以东、昆仑山以北、巴尔喀什湖以南（西汉）和天山以南（东汉）的广大西域地区，南端传播影响及于今越南南部（当时设日南郡）。魏晋南北朝时期虽然战争频繁，但华夏文明向外传播的步伐并未停歇。至唐，华夏文明达到鼎盛时期，不仅恢复了对西域的控制，同时北疆还拓展至黑龙江流域。唐自安史之乱（公元755—763年）后，陷入藩镇割据，历五代十国分裂，至北宋又形成与辽、西夏南北对峙。自唐至宋，这一时期，是丝绸之路最为繁忙的历史时期之一，也正是中国四大发明——造纸术、印刷术、指南针、火药向外传播的时期，东路传至朝鲜、日本，西路则从中亚而至欧洲。中华文明对于世界的这一贡献，改变了东西方的发展格局。时至今日，梳理、总结和研究华夏文明的对外传播史，无疑仍具有重要的现实意义。

中原地区是中华文明的创新地。创新精神是中华文明萌动的初动力。中华文明起始时期的生产生活中的发明创造大多诞生于中原地区。上古时期五帝时代，中华文明中的服饰、饮食、房舍、舟车、农业、手工、矿冶、商业、货币、刻画符号、图画、弓箭、音乐、医学、药物、婚姻、丧葬、历数、阴阳五行等发明创造多是发源于中原地区。概论之，支撑中华文明进步的最核心因素主要体现在七个方面，且其均诞生于中原地区。

一是早期城池。夏代都城偃师二里头遗址，是中国最早的王城建筑；商朝早期郑州商城，面积达25万平方米，宫殿面积达6万平方米，比安阳商代后期殷墟宫殿面积尚大两倍；西周营建洛邑成周，东周洛阳王城方圆达15里，其王城格局对中国城池建造具有标准示范意义。此外，登封王城岗城堡遗址被考古学家们认为是夏鲧之都、夏禹之都，此城早于偃师二里头遗址，城内发现有祭祀坑，出土有青铜器残片，陶器上有刻画符号，这些人类文明的标志性符号充分表明中原地区已率先进入文明时代。

二是中原地区开创了青铜时代。早在河南龙山文化时期，中原地区已开始出现人工冶炼红铜、锡青铜、铅锡青铜和原始黄铜，但青铜时代开启的标志则是青铜器冶铸作坊。最早的青铜作坊发现于偃师二里头遗址，在此出土了一批壁均薄的爵、鼎、斝等青铜礼器和形状准确的青铜器工具和兵器，其中所出用绿松石镶嵌的华丽的青铜牌饰，开创了我国金属器物装饰材料和装饰技术多样化的先河。商代殷墟青铜铸造作坊占地面积达一万多平方米，安阳所出妇好墓青铜器和商代青铜器中最重者司母戊方鼎均是青铜文明鼎盛时期的文化标志。青铜文明盛于中原，与夏商周三代的历史事实是最为吻合的。

三是原始文字、甲骨文字开创了中国文明的新时代。舞阳贾湖新石器时代遗址中所发现的甲骨契刻符号，年代大约在公元前6500年左右，是迄今发现的中国最早的刻画符号。登封王城岗遗址、偃师二里头遗址均属于夏文化，其出土的陶器上均发现有刻画符号，距今约4000年，这些龙山文化晚期的符号已有别于仰韶文化的陶器符号，应当视为原始文字。郑州二里岗商代早期遗址出土有陶器刻画符号，还发现有两块刻有文字的牛骨，而中国最为成熟的成系统的文字则是发现于安阳殷墟的甲骨文字。甲骨文字的发明是中华文明史上的里程碑，这是迄今世界上唯一还在使用的形音义相结合的一套来自上古时期的文字符号系统，它对于传承中华文明起到了不可言喻的巨大作用。

四是中原地区的农业革命位居世界文明前列。农业起源于新石器时代，西亚两河流域是人类农业起源的最早地区，约在公元前8000年—前5000年。新石器时代早期距今1万年至8000年，属于刀耕火种农业阶段，还不能称之为严格意义上的农业。新石器时代中期为锄耕农业阶段，距今约8000年至5000年，黄河流域的裴李岗文化、磁山文化是这一时期中国农业革命的先驱。裴李岗文化遗址中出土有大量生产工具，尤其是农业工具，包括石斧、石铲、石镰、石磨棒，制作精致，同时还发现有粟遗存，并有人已定居。紧随其后的是早期仰韶文化的郑州大河村遗址，发现有稻遗存，定居式村落证明农业已是主要的生活来源。新石器时代晚期犁耕农业萌芽，距今约5000年至4000年间，中原地区最早的水井见于河南汤阴白营早期龙山文化遗址，龙山文化晚期洛阳矬李遗址中也发现一口井，井之发明对定居农耕意义尤大。中原地区定居村落的扩大导致城池防御和商业交易的需要，农业革命成为文明起源的先声。

五是国家制度的创立奠定了中华文明制度基础。相对于黄河下游文化区、长江下游文化区、内蒙古辽西文化区等，黄河中游河洛地区的河南龙山文化率先进入文明的门槛，洛阳偃师二里头文化已越来越被学术界公认为是夏文化的一部分，是中国"国家文明"诞生的标志。二里头文化遗址发现有宫殿、宗庙等大型礼制建筑基础，并出土有相当数量的成套青铜礼器和玉器，标明"礼制"已经形成，而"礼制"正是中国国家制度建立的重要标志。"礼制"在中国早期文明中具有举足轻重的地位，礼器制度、用牲制度、丧葬制度、礼乐飨燕制度、祭祀仪礼等礼仪制度，不仅仅是阶级相别的等级标识，同时它还是国家职能的一个有机组成部分。失礼则意味着触法，史载"夏有乱政，而作禹刑"，夏代已制定完备的法律可屡屡证诸文献记载。二里头文化中手工业已相对独立，并且分工已较精细，青铜兵器戈、箭、镞的出土标志着军队已成为国家机器的一部分。二里头文化中的大型宫殿象征着王权，玉器钺、璜、圭等不仅代表着权力，而且还是财富的象征。夏王朝国家的诞生是中华文明史上的一个分水岭，自此世袭制击败禅让制，家天下的历史一直延续至20世纪初。

六是自然科学成就方面中原地区居于领先地位。首先是天文学成就已达到世界先进水平。《夏小正》是见于中国文献记载的第一部历法，殷商时期历法实行阴阳历，甲骨文中保存了大量天文历法资料，对日月食的关注尤其为甚。西周周公曾在登封观星台观测日影，天文授时计时出现。春秋战国时期中国天文学体系已形成雏形，已将一年分为12个月，一年365又1/4日，由于日数的分数为1/4，故名"四分历"，它比罗马人的四分历要早5个世纪。其次是数的发明和广泛应用。商甲骨文中已出现完整的数学十进制系统，计算工具算筹至迟于战国时期已经制度化。西周已发明乘法歌诀，春秋战国时期中国已经知道勾股原理，《周髀算经》《考工记》《墨子》中记载了大量数学知识。最后是中国医学形成了世界上独特的医学体系。春秋战国时期，《黄帝内经》问世，这是一部以阴阳五行为宗，重视脏腑经络，强调人体整体的带有总结性质的医学理论著作，为中医奠定了理论基础，直到今天它还是中医的经典必读书。针灸是中医奉献给人类的文化遗产，甲骨卜辞中已可见针灸医病之情形，在商代文化遗址中发现有砭石、无孔细长骨针和青铜针。巫医、药疗、针灸、按摩甚至外科手术，我们均可在甲骨文卜辞中找到记载，当时已可诊断、治疗"疾目""疾心""疾骨"等34种疾病。春秋战国时期，中医的"切脉、望色、听声、写形"诊断法已很成熟，中医理论和实践均奠定了中国2000多年来的医学基础。

七是中国的哲学思想奠定于中原地区。传说中的河图洛书出现于河洛地区，据今考证所见，它们实质上是中国人认识数理的发端。河图洛书启发了伏羲八卦，之后又有周文王演六十四卦，故此，《易》之源头可找到河图洛书。《易》是中国哲学思想的基础，其阴阳两种自然性质的高度概括，是中国哲学的基石。八卦，象征着由阴阳构成宇宙物质世界的八种基本成分，即"乾（☰）为天，坤（☷）为地，震（☳）为雷，巽（☴）为风，坎（☵）为水，离（☲）为火，艮（☶）为山，兑（☱）为泽"，万物均由它们衍生。与《周易》同时，商、周之际商遗臣箕子论说水、火、木、金、土五行，这一理论与阴阳、八卦相结合共同构成了中国哲学的主干。其后，诸子迭起，道、墨、儒、法、阴阳、名、兵、农、纵横、杂家等百家争鸣，但其哲学思想却并未超越《易》之范畴。

总体而言，中原地区以炎黄后裔为主体的部落联盟率先进入阶级社会，率先进入文明的大门，率先建立王朝国家，它所创造的诸多文明成就，构成了中华文明的核心主体，并由中部中心地带而传播至周边，乃至东亚以及世界各地，以至于今。

三

探索华夏文明传承与创新，本质上就是探索中华文明的传承与创新。只有站在这个出发点上，我们才能确立正确的战略方向和战略布局。

探索华夏文明的传承与创新，其目的是通过扬弃农耕文明文化，数字化传承传统优秀文化；通过数字化工业文明，创新工业文明文化；通过创造信息文明的技术和哲学，创造信息文明新文化。在信息文明时代，创造带有中华民族文化基因的、凝聚积极向上共识的价值观，增强中华民族凝聚力，提升中华文化软实力，扩大中华文化品牌的国际影响力，以普惠当代世界各国民族和族群，这应是我们传承创新华夏文明的战略目标与追求。

探索华夏文明传承与创新，关键在于文化的重建。创造中华民族新文化，借此实现中华民族伟大复兴应当也始终应当是我们一以贯之的精神追求和行动力量。创造中华民族信息文明新文化，我们必须明了传统文化发源地文化地理的战略布局，必须明了历史文化传播和现代文化传播的战略布局，必须明了当代文化主体创新的战略布局。我们已经明了中原地区是中华文明的地理中心区和文化核心区，已经明了中原地区是中华农耕文明的发源地和传播地，已经明了中原地区是中华文明的创新地，这是我们思考创造新文化的战略基础，具体而言，在中原地区的地理框架下布局华夏文明传承创新的未来战略，我认为当从文化地理、文化传播和文化主体创新三个维度破局和定局。

历史文化地理的基础决定文化地缘战略。中原作为中华文明的核心区，其核心内核是文化。其最表征的文化标识是中原古都群和黄河文化带、淮河文化带，而其最深层次的文化内涵则是根深叶茂于中国人精神世界的儒、释、道思想。

无论是中原古都群还是黄河、淮河两个文化带，它们都是农耕文明馈赠给我们的文化遗产，这里是出发点，但我们更应当思考的是，在信息文明时代，如何借鉴农耕文明创造文化的模式创造出信息文明的新文化。我们应将重点思考当下文化主体的创新问题。

所谓文化主体，我们将其分为农耕文明、工业文明、信息文明三种形态。就华夏文明传承创新的战略思路而言，我们认为应当紧紧围绕农耕文明数字化体验区、工业文明数字化创新区、信息文明科技创新集聚区三大建设重点突破，这是符合历史发展规律的现实选择。

农耕文化是中华民族文化之根、思想之魂、精神之魄。中华文明的历史根基是农耕文明。中国的农业革命始于距今8000年的裴李岗文化，其后是舞阳贾湖文化，它们的最典型特征或者说最具革命性的变化是农业工具的大量使用，石斧、石铲、石镰广泛运用于农业，贾湖遗址的骨耜和装柄石铲的大量出土说明农业已进入耜耕农业阶段。换句话说，农业工具的革命带来了农业技术的革命，最终带来了农业革命。铜铲、铜镢、铜镈广泛应用于商周时代的农业生产，相较石制农具是一次革命。战国时期，我国进入铁器时代，铁犁铧、镢、锄、锸、镰、刀等铁农具普及，并普遍使用牛耕，这是农业发展的又一次里程碑式革命，中国农业进入铁制工具的犁耕农业时代。早期农业革命昭示了一条规律：每一次农业革命都是由新技术所引发的。谁拥有了先进技术，谁便拥有更多的话语权。近代以来，西方农业机械化所主导的再一次农业革命让西方世界领先于其他国家，如今世界又进入以数字技术为基础的农业工具革命、农业技术革命、农产品基因技术革命。毫无疑问，中国的现代农业、当代农业必须选择机械化、数字化、信息化才有可能再次引领人类的农业革命。数字化农业是我们的不二选择。

数字技术正在改变人类的方方面面，它不仅仅改变农耕文化以及农业文明，也同样改变工业技术和工业文明。18世纪60年代史无前例、意义深远的工业革命首先在英格兰展开，从此以后，工业革命在不同国家、不同地区展开，至今方兴未艾。从此，地球上开始并存两种主要文明：农业文明和工业文明。工业文明已经经历了两次工业革命，目前正在进行第三次工业革命。工业革命在给社会带来巨大财富的同时也带来了环境污染、资源浪费和生态失衡，工业化必须借助数字技术进入可持续发展的高科技化经济模式才有可能继续。同时，信息革命已经或正在改变人类经济生活及物质文明的几乎一切领域，信息技术正在改变工业产品的生产模式，机械化大生产正在让渡于个性化生产，这一数字化按需生产的生产方式将颠覆工业文明的理论基础。因此，工业化和数字技术的结合是工业发展的必然要求，工业社会向信息社会的过渡也是社会发展的必然趋势。

数字技术革命已经引发一系列革命，如信息技术革命、产业革命、智能革命、社会革命、文化革命等，它将人类文明推向农业文明、工业文明之后的信息文明，它将人类社会推向信息社会化、信息产业化、信息智能化阶段。信息化正在改变产品生产方式、产品传播方式、产品消费方式，由此，工业化产业结构正在改变，新兴的信息产业正在崛起并走向产业主导地位，产业信息化和信息产业化将成为信息时代的主流产业模式。信息化正在改变生产关系、社会关系和人际交往关系，信息社会化正在改变政治权力结构、经济权力结构和个人以及族群权力结构，信息社会化正在改变人们的思维方式、思想观念、价值观以及哲学取向，进而它将改变社会制度、国家制度和政治制度。信息智能化正在改变人类的生活方式、生存状态和生命质量，智能化工具如智能化手机、智能穿戴乃至智能互联网等将深刻改变人们的行为和思想以及观念。信息技术正无孔不入于人与社会的各个角落，信息制造产业、信息传输产业、信息服务产业将全面发展，信息技术的创新将成为一个国家的核心竞争力。因此，聚焦高新数字技术和信息技术产业，已成为国家进步的首要战略。

具体说来，就华夏文明传承创新实验区建设而言，我认为现代农业数字化的基本途径主要有：一是生产工具的机械化以及机械化工具走向数字化、智能化；二是生产过程数字化管理，利用空间定位技术、利用气象卫星、利用各种测量设备等，使农业种植过程实现全流程智能监控；三是生物基因技术广泛运用于农业生产；四是生态农业、循环农业经济模式实现数字化产业发展；五是培育农业产业化形态下的农耕新文化；等等。与此同时，我们还必须研究、总结和传承农业文明时代的文化遗产，其基本途径主要是：一是建设中原古都群文化旅游体验区。自西向东、向北依次是洛阳、偃师、登封、新郑、荥阳、郑州、开封、濮阳、安阳等，利用现代数字技术，虚拟、模拟自黄帝以来各个历史朝代不同帝都的生活场景和文化场景，创造新的文化产品，创新中原文化品牌。二是建设以黄河文化带、淮河文化带为主体的人文景观、山水文化旅游体验区。以诸侯国、方国城池考古遗址，以石窟、佛寺、道观等宗教建筑，以世界文化遗产和中国历史文化遗产人文景观和各文化主题博物馆，以黄河、淮河及不同时代的运河航运文化体验等为主线，以虚拟人文景观和大型演艺表演为辅助，创造华夏文明人文体验、山水体验新品牌。三是以数字化技术传承非物质文化遗产。整合中原地区传统文化资源，倾全省之人力及智慧，以数字化技术为手段，以信息化智能化传播为媒介，创造传统文化品牌与数字技术相结合的新文化品牌，如少林武术、太极拳，钧瓷、汝瓷、官瓷，南阳玉艺术，濮阳杂技，高仿唐三彩与青铜器、豫菜、茶文化、中医针灸，等等，具有文化新价值、工艺新特点的新文化品牌应以全球为市场，以文化品牌产业化为方向，以信息文明为坐标走向国内国外两个市场。四是以数字化技术传承中华文明记忆文化遗产。将记忆文化遗产分为口头记忆和文献典籍两大类别，以数字加工和全媒体呈现、全介质存储为手段，创造中华文明新的记忆文化品牌，倾力打造两个品牌系统：一个是将中国各民族、各县域民间故事、民间传说、民间歌谣、民间神话、民族史诗、民间俗语谚语歇后语、民间谜语等口头传说，以摄像、录音形式记录传承人、讲述人的影像资料，并以文字、图片、影音结合的数字书籍形式制作成数据库，以数据库的出版形式走向国际；另一个是将中国历史上的文献典籍全部数字化，将文书档案、书籍以及文稿分门别类数字化，制作各类内容主题的可供检索的大型数据库，创建中华文明文献数字图书馆，将其列为华夏文明传承创新实验区的一个重大文化品牌工程，使之成为世界文化品牌之一。

工业文明数字化创新实验区是华夏文明传承创新的另一维度的战略布局。工业文明是一种内在要求不断革新、不断创新、不断发明的社会形态，工业社会的本质要求是永远创新和变化。工业文明的主要特点是工业化、规模化和城市化。我认为，创新工业文化应重点思考建立三种新的工业文化模式：第一，将工业产业集聚区和高新技术产业集聚区以及数字技术领先企业三者合而为一区，在一个区域内解决能源消耗、垃圾污染和环境破坏等工业化问题，创建在数字技术、信息技术、智能技术主导下的循环工业和生态工业新经济模式,创建信息智能型工业文化园区。第二,将城市规划、建设和管理与云计算、大数据结合起来,与物联网、智能技术结合起来,以创建数字城市、智能城市、智慧都市为目标,以城市社区为载体,创建社区文化微连锁服务体系,创建信息智能型社区文化和文化社区。第三,将市民生活与城市公共文化服务设施和服务体系结合起来,将当代文化与数字技术结合起来,创建新型业态文化产业,如数字技术主导下的大型主题公园,如与山水结合的大型城市文化综合体,探索创建信息智能型的娱乐文化综合体。从工业的机械化基础而言,工业信息化、工业数字化更应聚焦于工业生产和工业制造的改造,但工业文明最终改变的却是人、人与社会、人与城市的关系,因此,工业文明的信息化服务其落脚点还必须围绕人、社会与城市而展开。

我们正身处信息文明的前期,数字技术究竟能将人类带向何等的历史深处,我们还不得而知。美国尽管开创了信息文明,但信息文明时代的价值观、制度规范以及文明伦理,究竟用何种哲学去解读才能通行于信息世界,美国并没有给出明确的答案。在我们着手兴建信息文明科技创新集聚区的同时,我们更应当思考信息文明的文化形态,以及信息文明的民族性问题。第一,在数字技术领域,中国应当集聚全民族的力量和智慧去创造和发明,中国只有在生命科学、生物技术、基因工程、太空技术、能源技术等一系列高新科技领域占据领先地位,才有可能走在信息文明时代的前列。树立华为、中兴等民族品牌仅仅是中华民族伟大复兴之路上的一个小小的科学发明的垫脚石,只有伟大的科学发明才能支撑伟大的文明民族。创建中原数字技术高新产业园区，聚集中国及世界各国高新数字技术企业，对实现中华民族信息文明的快速发展具有极其重要的现实意义。第二，创立中华民族信息文明时代的核心价值观。中华民族当代的核心价值观，根源于中华民族五千年的历史文化，根源于中华文明的哲学传统，根源于当代信息文明的新思维、新观念和新的价值追求，我们认为应当创建信息文明研究院和新儒家研究院，以此为载体去研究信息文明时代的哲学。我认为，信息文明时代的中华民族的核心价值观可用"和合，诚信，公德，民主，自由"十个字来概括，在信息文明时代，每个人都必须讲人性和合，人格诚信，每个人都必须讲社会公德，每个人也都拥有追求民主与自由的权利，人由和合而诚信，由诚信而公德，由公德而民主，由民主而自由，最后是由自由而人性和合。第三，创建数字文化创意产业园。将数字技术与文化结合起来，将数字文化与文化产业结合起来，将文化产业与艺术创意结合起来，将艺术创意与文化产业结合起来，将文化产业和数字出版产业结合起来，其本质上就是倡导文化与科技深度融合，数字、文化、创意与传播四位一体，这种跨界融合的文化产业模式必然是未来的主流模式。第四，搭建中华文化传播平台，创建中原数字出版产业园。中原自古居"天下之中"，素为"九州心腹""十省通衢"，华夏文明之所以近拓周边、远播海外，主要得天下交通枢纽之利。道路与汉字是中华民族凝聚的内在动因。我认为传播华夏文化，应从三个层面破局：一是构建"空中丝绸之路"。明确提出中原要打造21世纪版的空中交通枢纽——

空中丝绸之路，郑州航空港以货运为主，其起点已经蕴有"空中丝绸之路"之义。二是构建陆上丝绸之路与海上丝绸之路出发点的新枢纽，向西、向北铁路货运已经抵达欧洲、俄罗斯，向东铁路、高速公路出海连云港通达世界各地，郑州已成为陆上海上"丝绸之路"的交会点。三是创建华夏数字文化产业园。创建一个通向世界不同文化区域的"华夏数字文化"内容平台，将中华文明文献数字图书馆、数字博物馆、数字影像馆、数字音乐馆、数字艺术馆等各种数据库出版物，全部置放于一个专门传播华夏文明、中华文化的数字平台上，这一平台建设将是华夏数字文化产业园的品牌产品项目，这一平台将成为21世纪的中外文化交流中心和文化交通的心脏。第五，实施汉字汉语汉文化对外推广计划。世界的竞争本质是文化的竞争，文化的竞争将落脚于语言的竞争。信息文明时代，庞大的信息流是最强有力的文化武器，语言文字所产生的信息流量占比将成为国家战略争夺之一。中原是汉字故乡，拥有汉字文化的深厚积淀，对将汉字汉语汉文化推广到世界各地具有义不容辞的责任，这份责任，更是一份文化的自信。我们坚信，汉字不仅凝聚中华民族，同时，她还将是信息文明时代最好的语言表达。

总之，华夏文明传承与创新实质上就是中华文明的传承与创新，我们只有站在中华民族伟大复兴的高点上，去思考如何统筹农耕文明、工业文明、信息文明的共同发展，从而创造中华文明新文化，只有如此，方可找到华夏文明传承与创新的正确路径。

主要参考文献

[1] 北京图书馆.民国时期总书目[M].北京：北京图书馆出版社，1995.

[2] 曹道衡，刘跃进.先秦两汉文学史料学[M].北京：中华书局，2005.

[3] 陈乐素.宋史艺文志考证[M].广州：广东人民出版社，2014.

[4] 曹之.中国出版通史：隋唐五代卷[M].北京：中国书籍出版社，2008.

[5] 方厚枢，魏玉山.中国出版通史：中华人民共和国卷[M].北京：中国书籍出版社，2008.

[6] 郭延礼.中国近代文学发展史[M].北京：人民文学出版社，2017.

[7] 国务院古籍整理出版规划小组办公室.古籍整理图书目录（1949—1991）[M].北京：中华书局，1992.

[8] 柯愈春.清人诗文集总目提要[M].北京：北京古籍出版社，2001.

[9] 刘达科.辽金元诗文史料述要[M].北京：中华书局，2007.

[10] 雒竹筠.元史艺文志辑本[M].李新乾,编补.北京:燕山出版社,1999.

[11] 李西亚.金代图书出版研究[M].北京:中国社会科学出版社,2015.

[12] 刘琳,沈治宏.现存宋人著述总录[M].成都:巴蜀书社,1995.

[13] 李灵年,杨忠.清人别集总目[M].合肥:安徽教育出版社,2000.

[14] 李致忠.中国出版通史:宋辽西夏金元卷[M].北京:中国书籍出版社,2008.

[15] 穆克宏.魏晋南北朝文学史料述略[M].北京:中华书局,1997.

[16] 缪咏禾.明代出版史稿[M].南京:江苏人民出版社,2000.

[17] 缪咏禾.中国出版通史:明代卷[M].北京:中国书籍出版社,2008.

[18] 潘树广,涂小马,黄镇伟.中国文学史料学[M].上海:华东师范大学出版社,2012.

[19] 钱仲联.历代别集序跋综录[M].南京:江苏教育出版社,2005.

[20] 全国古籍整理出版规划领导小组办公室.新中国古籍整理图书总目录[M].长沙:岳麓书社,2007.

[21] 舒群.中国话本书目[M].北京:文化艺术出版社,2012.

[22] 上海图书馆.中国丛书综录[M].上海:上海古籍出版社,

1986.

[23] 上海图书馆.中国近代现代丛书目录[M].上海：上海图书馆（印行），1979.

[24] 施廷镛.中国丛书综录续编[M].北京：北京图书馆出版社，2003.

[25] 四川大学古籍整理研究所.现存宋人别集版本目录[M].成都：巴蜀书社，1990.

[26] 陶敏，李一飞.隋唐五代文学史料学[M].北京：中华书局，2001.

[27] 刘昫,欧阳修,等.唐书经籍艺文合志[M].上海:商务印书馆，1956.

[28] 田建平.宋代出版史[M].北京：人民出版社，2017.

[29] 田建平.元代出版史[M].石家庄：河北人民出版社，2003.

[30] 万曼.唐集叙录[M].北京：中华书局，1980.

[31] 王岚.宋人文集编刻流传丛考[M].南京：江苏古籍出版社，2003.

[32] 吴枫.隋唐历史文献集释[M].郑州：中州古籍出版社，1987.

[33] 王雪玲.清儒整理唐代文献研究[M].北京：中国社会科学出版社，2013.

[34] 王绍曾.清史稿艺文志拾遗[M].北京：中华书局，2000.

[35] 王永光，吴永贵.中国出版通史：民国卷[M].北京：中国书籍出版社，2008.

［36］薛瑞兆.金代艺文叙录[M].北京：中华书局，2014.

［37］徐永明，赵素文.明人别集经眼叙录[M].杭州：浙江古籍出版社，2013.

［38］肖东发，等.中国出版通史：先秦两汉卷[M].北京：中国书籍出版社，2008.

［39］姚名达.中国目录学史[M].长沙：湖南大学出版社，2014.

［40］袁行云.清人诗集叙录[M].北京，人民文学出版社，2016.

［41］张可礼.中国古代文学史料学[M].南京：凤凰出版社，2011.

［42］《中国古籍总目》编纂委员会.中国古籍总目：集部[M].北京：中华书局，上海：上海古籍出版社，2012.

［43］《中国古籍总目》编纂委员会.中国古籍总目：丛书部[M].北京：中华书局，上海：上海古籍出版社，2009.

［44］张炯，邓绍基，郎樱.中国文学通史[M].南京：江苏文艺出版社，2013.

［45］祝尚君.宋集序跋汇编[M].北京：中华书局，2010.

［46］祝尚君.宋人别集序录[M].北京：中华书局，1999.

［47］祝尚君.宋人总集叙录[M].北京：中华书局，2004.

［48］章培恒，骆玉明.中国文学史[M].上海：复旦大学出版社，1996.

［49］张固也.新唐书艺文志补[M].长春：吉林大学出版社，1996.

［50］章钰，等.清史稿艺文志及补编[M].北京：中华书局，

1982.

[51] 张树栋，庞多益，郑如斯，等.中华印刷通史[M].北京：印刷工业出版社，1999.

[52] 周少川，等.中国出版通史：魏晋南北朝卷[M].北京：中国书籍出版社，2008.

[53] 朱赛虹，曹凤祥，刘兰肖.中国出版通史：清代卷[M].北京：中国书籍出版社，2008.

[54] 张秀民.中国印刷史[M].韩琦，增订.杭州：浙江古籍出版社，2006.

索　引

A

阿达姆松	81
阿尔贝特	72
阿尔弗莱德·哈姆斯沃斯	80
《阿英全集》	193
埃尔热	82
《艾芜全集》	194
艾性夫	154
《安妮女王法》	41

B

《八大家文钞》	164
《巴别尔全集》	197
《巴赫金全集》	197
《巴金全集》	195
《霸朝杂集》	129
白居易	129, 131, 137
《白居易全集》	191
白朴	158, 159
《白沙先生全集》	165
《白石道人》	186
《白氏长庆集》	131
《白氏集后记》	132
《白氏文集》	132, 145
《白兔记》	159
《白云集》	154
《百川学海》	142
《百家》	119
《百家词》	142
《百一方》	149
《柏拉图全集》	197
《柏杨全集》	195
《拜月亭记》	159
班固	162
鲍照	163
《鲍照集》	145
《北归集》	139
《北京日报》	97
《贝清江先生全集》	165
贝琼	165
《备考》	175
《笨拙》	80
《碧山乐府》	166
《碧山诗余》	166
《边华泉全集》	166
《弁山小隐吟录》	155
《标题三苏文》	143

《表奏书启四六集》…… 140
《别蘂》…… 139
《别集》…… 139, 147, 177, 178
《别录》…… 166
《冰心全集》…… 190
《波赫士全集》…… 198
《伯生诗续编》…… 155
《勃朗特两姐妹全集》…… 197
《博尔赫斯全集》…… 197
《补过斋全集》…… 187
《补刊》…… 179
《补遗》…… 139, 179
《补元史艺文志》…… 151
布劳恩…… 82

C

蔡复一…… 167
蔡士英…… 176
蔡松年…… 150
蔡襄…… 146
蔡翔…… 1
蔡琰…… 162
蔡邕…… 144, 162
《蔡中郎集》…… 144
《参寥子诗集》…… 146
《苍雪轩全集》…… 167
《藏春诗集》…… 154
《藏经》…… 142
曹伯启…… 155
曹操…… 162

曹复亨…… 155
《曹能始先生石仓全集》…… 168
曹丕…… 121, 162
曹学佺…… 168
《曹禺全集》…… 190
曹元忠…… 187
曹植…… 121, 122, 162
《曹子建集》…… 144
《草庐吴文正公全书》…… 181
《草堂集》…… 134
《策论》…… 139, 140
《岑嘉州集》…… 145
曾巩…… 150, 153, 164, 176
曾国藩…… 180, 186
《曾国藩全集》…… 189, 191
曾国荃…… 180
曾瑞…… 159
《曾文定公全集》…… 176
《曾文正公全集》…… 180, 186
《曾忠襄公全集》…… 180
《昌黎先生集》…… 135, 145
《昌黎先生全集》…… 176
《昌黎先生全集录》…… 176
《长短句》…… 146
《长庆集》…… 132
《长兴集》…… 143
《常建诗集》…… 145
《唱经堂才子书汇编》…… 179
《巢经巢全集》…… 186
沈伯玉…… 154
沈传师…… 129

索　引

沈遘	143
《沈寄簃先生遗书》	187
沈炯	163
沈括	143, 146, 154
《沈括全集》	193
沈辽	143
沈懋孝	167
《沈氏三先生文集》	143, 146
《沈司成先生全集》	167
沈约	163
沈治宏	137
陈博良	154
陈淳	154
陈澹然	187
《陈登原全集》	193
陈傅良	147
陈桂轩	152
陈鹤	166
陈弘谋	186
陈敬宗	165
陈亮	164
陈琳	162
陈龙正	182
陈旅	156
《陈眉公先生全集》	167
陈仁玉	146
《陈榕门先生遗书》	186
陈珊	140
陈善通	165
陈师道	147, 153
陈寿	122
陈叔宝	163
《陈文定公澹然遗书全集》	165
陈锡恩	167
陈献章	165
陈襄	146
陈以闻	166
陈与义	153, 154
《陈垣全集》	195
《陈忠裕公全集》	178
《陈众仲文集》	156
陈子龙	178
陈作霖	187
成公	162
《承明集》	139
《诚斋集》	147
《诚斋先生江湖集》	147
《诚斋先生南海集》	147
程颢	143, 154
程钜夫	155
程敏政	168
《程千帆全集》	192
程颐	143, 154
《尺牍》	139
《崇雅堂全集》	166
《初唐四子集》	163
储欣	176
《楚兵法》	119
《楚国文宪公雪楼程先生文集》	155
褚少孙	162
《传》	176
《船山全书》	189

《船山遗书》…… 179
《春秋》…… 142
《春在堂全书》…… 180
《词》…… 139, 168
《词科旧薹》…… 139
《词林摘艳》…… 170
《此山先生诗集》…… 155
《聪颖诗》…… 150
《崔东壁先生遗书》…… 180
《崔东壁遗书》…… 186
崔敦诗 …… 147
崔建英 …… 160
《崔舍人玉堂类稿》…… 147
崔述 …… 180, 186
崔骃 …… 162
《翠娱阁评选钟伯敬先生合集》… 168
《存目》…… 152
《存斋乐全集》…… 168
《错斩崔宁》…… 157

D

达·芬奇 …… 79
《大鹤山房全书》…… 187
《大泌山房全集》…… 168
《大诗》…… 150
《大唐三藏取经诗话》…… 157
《大学令》…… 184
戴善甫 …… 159
《戴氏遗书》…… 180
戴震 …… 180

《戴震全集》…… 191
《丹渊集》…… 150
《儋耳手泽》…… 139
《澹居稿》…… 156
《荡女历程》…… 80
《刀笔集》…… 139
《道家言》…… 119
《道理诗》…… 150
《道园学古录》…… 155
《道园遗稿》…… 155
邓庆寀 …… 167
《邓广铭全集》…… 192
《邓以蛰全集》…… 190
邓原岳 …… 167
邓在珩 …… 175
《狄更斯全集》…… 197
《狄金森全集》…… 197
迪斯尼 …… 82
帝喾 …… 206
《第五才子书施耐庵水浒传》…… 158
《第五才子书》…… 158
《典论》…… 121
丁鹤年 …… 154, 156
《丁玲全集》…… 192
《丁耀亢全集》…… 191
《定云楼遗集》…… 186
东方朔 …… 162
《东皋子集》…… 132
《东莱标注老泉先生文集》…… 146
《东莱标注三苏文集》…… 143

《东莱吕太史文集》	147	《二妙集》	150, 153
《东莱先生诗集》	147	《二十四箴》	144
《东里全集》	178	《二十一史》	141
《东坡集》	146		
《东坡全集》	176	**F**	
董传策	167		
董份	168	《法家言》	119
《董幼海先生全集》	167	《番汉合时掌中珠》	149
董仲舒	162	樊晃	134
独孤及	135	《樊南文集笺注》	176
杜甫	134, 152	范纯仁	153
《杜甫集》	145	《范德机诗集》	155
《杜甫全集》	191	范浚	153
《杜工部草堂诗笺》	152	《范文澜全集》	192
《杜牧全集》	191	《范文正公集》	146
《杜诗分类全集》	176	范晔	125
《杜威全集》	197	范仲淹	139, 146, 153, 154, 164
杜信孚	160	方苞	179
杜预	162	方东树	180
杜泽逊	172	方回	154
《杜子美沽酒游春记》	166	《方山薛先生全集》	167
段成己	150, 153	方岳	153
段辅	153	《方植之全集》	180
段克己	150, 153	芳树园	177
段玉裁	180	《放翁全集》	177
《遁庵全集》	167	《放翁先生剑南诗稿》	147
		《分类补注李太白诗集》	152
E		《分门纂类唐宋时贤千家诗选》	142
		《封神演义》	170
《尔雅》	149	冯浩	176
《二俊文集》	144	《冯梦龙全集》	191, 193

冯衍 162
冯友兰 192
《冯至全集》 190
弗里德利克·康尼格 71
伏羲 206
《滏水集》 150, 151, 153
《莆阳居士蔡公文集》 146
《附集》 147
《附录》 139, 140, 147, 150,
                154, 155, 166, 176, 179
《附录拾遗》 147
《附司马文正公年谱》 176
《附玉谿生年谱》 176
傅亮 163
傅若金 156
《赋诗》 150
《傅斯年全集》 198
傅维鳞 160
傅惜华 158, 169
傅咸 162
《傅与砺诗集》 156

G

盖达尔 74
绀野登 24
《高常侍集》 145
高楚芳 152
《高季迪先生大全集》 177
高明 159
高攀龙 181

高启 177
高士奇 179
《高太史大全集》 165
高文秀 159
高允 163
《高子全书》 181
《格萨尔王》 45
葛长庚 154
葛洪 148
葛立方 147
葛饰北斋 83
葛思德 161
《艮斋诗集》 155
耿定力 166
《耿中丞杨太史批点近溪罗子全集》 ....
                                                        167
《攻媿先生文集》 147
宫天挺 159
古登堡 40, 70, 99, 100, 161
《古今书录》 127
《古灵先生文集》 146
《古杂》 118
《谷响集》 154
顾颉刚 186
《顾颉刚全集》 195
顾鸣凤 187
《顾随全集》 192
顾炎武 179, 186
《顾炎武全集》 194
顾应祥 166

《乖崖先生文集》	146	《韩苑洛全集》	166, 178
关汉卿	158, 159	《翰林杨仲弘诗》	155
贯休	131, 144	《翰林珠玉》	155
贯云石	159	《翰苑英华中州集》	153
归有光	178	郝经	154
《归震川先生全集》	178	《郝文忠公陵川文集》	154
《圭斋文集》	155	《合刻杨南峰先生全集》	181
龟郎	132	何承天	163
郭璞	162	《何其芳全集》	192
《郭嵩焘全集》	193, 194	何乔远	167
郭熙	154	何三畏	167
郭祥正	146	何逊	163
郭英德	125	何友谅	145
郭朝宾	166	《河东先生集》	145
《国史·经籍志补》	160	《和靖先生诗集》	146
《国史·经籍志》	160	《河南程氏文集》	143
《国朝诸臣奏议》	143	和凝	144
《果戈里全集》	197	《和陶诗》	139
		贺复徵	169
H		《鹤年诗集》	154, 156
哈兰·克利夫兰	15	《横浦先生文集》	147
《海涅全集》	197	《洪北江全集》	180
《海宁王忠悫公遗书》	188	《洪芳洲先生全集》	167
《海樵先生全集》	166	洪亮吉	180
韩邦奇	166, 178	洪适	147
韩敬	165	洪咨夔	148
韩愈	129, 145, 153	侯克中	155
《韩愈集》	129	《侯外庐全集》	196
《韩愈全集》	191	《后村居士集》	148
《韩愈全集校注》	191	《后村先生大全集》	141

《后集》	130, 146, 156
《后录》	155
《后山居士文集》	147
《〈后汉书〉列传著录文体考述》	125, 126
《后汉书》	124, 125
《濠南诗话》	150
《濠南遗老集》	150, 153
《胡风全集》	190
《胡兰成全集》	198
胡林翼	180, 186
《胡林翼全集》	186
《胡适全集》	193
胡思敬	187
《胡文忠公遗集》	180
胡广	125
胡应麟	123, 181
胡缵宗	166
《滑稽的人们》	80
《怀麓堂全集》	165, 178
《怀麓堂诗稿》	165
《怀星堂全集》	166
《淮海集》	146
《还山遗稿》	150
《皇极经世》	180
《皇极经世书》	180
黄巢	144
《黄淳父先生全集》	167
黄帝号	206
《黄帝内经》	212
黄榦	147, 153
黄鹤	152
黄姬水	167
黄玠	155
黄溍	155, 177
黄汝嘉	147
《黄氏补千家集注杜工部诗史》	153
黄庭坚	140, 146, 153, 154, 164
《黄庭坚全集》	194
《黄文献公集》	155
《黄以周全集》	194
《黄永玉全集》	193
黄虞稷	160
黄震	154
《黄震全集》	193
黄州	146
《黄州集》	139
黄宗羲	179, 186
《黄宗羲全集》	189, 191, 192, 194
《篁墩全集》	168
《汇刻建安七子集》	162
《会稽掇英总集》	142
《晦庵先生文集》	147

J

J.K. 罗琳	39
《几亭全书》	182
嵇康	162
《嵇文甫全集》	192
《击壤集》	180

《集古录》…………………… **139**
《集古录跋尾》………………… **140**
《集千家注分类杜工部诗》……… **152**
《集千家注批点杜工部诗集》…… **152**
《集注分类东坡先生诗》………… **150**
《纪伯伦全集》………………… **197**
纪君祥…………………………… **159**
《季羡林全集》………………… **195**
《寄寄山房全集》……………… **187**
《加缪全集》…………………… **197**
嘉靖……………………………… **161**
《翦伯赞全集》………………… **192**
《剑南诗稿》…………………… **181**
《江湖后集》…………………… **143**
《江文通集》…………………… **145**
《江西道院集》………………… **147**
《江西宗派诗集》……………… **142**
江淹……………………………… **163**
江总……………………………… **163**
姜宸英…………………………… **190**
《姜亮夫全集》………………… **194**
《姜先生全集》………………… **190**
《蒋百里全集》………………… **196**
蒋湘南…………………………… **186**
《蒋子遗书》…………………… **186**
焦竑……………………………… **160**
《揭曼硕诗集》………………… **155**
《揭文安公文粹》……………… **155**
揭傒斯…………………………… **155**
《偈颂》………………………… **148**

《解学士年谱》………………… **165**
《解学士全集》………………… **165**
《解学士文毅公全集》………… **178**
解以敬…………………………… **178**
金伯祥…………………………… **155**
金蔡松…………………………… **150**
《金代艺文叙录》……………… **150**
《金华黄先生文集》…………… **155**
《金楼子·立言》……………… **123**
金人瑞…………………… **179,186**
金仁杰…………………………… **159**
《金圣叹全集》…… **186,190,193,194**
《金元散曲》…………………… **159**
晋傅玄…………………………… **162**
《经进三苏文集事略》………… **143**
《经略熊先生全集》…………… **168**
《经韵楼丛书》………………… **180**
《荆钗记》……………………… **159**
《荆溪集》……………………… **147**
《景文宋公集》………………… **146**
《静修先生文集》……………… **154**
《镜山全集》…………………… **167**
《九经》………………… **141,142**
《九僧诗集》…………………… **143**
旧洛……………………………… **72**
《旧唐书·杜甫传》…………… **134**
《旧唐书·经籍志》…………… **127**
《旧唐书·王维传》…………… **133**
《旧唐书·文苑列传》………… **128**
《旧唐书·隐逸列传》………… **128**

《居士集》　　　　　　　　140
《椠庵集》　　　　　　　　155
《句曲外史贞居先生诗集》　156
《钜鹿东观集》　　　　　　146
瞿佑　　　　　　　　　　　168
《镌李卓吾批点残唐五代史演义》 158
《均阳杂著》　　　　　　　140
《郡斋读书志》　　　　139, 140

K

《开宝藏》　　　　　　　　141
康进之　　　　　　　　　　159
《康熙字典》　　　　　　　172
《康有为全集》　　　　189, 194
《抗希堂全集》　　　　　　179
《考工记》　　　　　　　　212
《考证》　　　　　　　　　177
柯愈春　　　　　　　　　　173
克劳德·香浓　　　　　　　75
《刻黄石斋蒋八公两先生手批莹芝全集》　　　　　　　　　　168
《客亭类稿》　　　　　　　147
《空同全集》　　　　　　　168
孔平仲　　　　　　　　　　143
孔融　　　　　　　　　　　162
《孔融集》　　　　　　　　122
孔文仲　　　　　　　　　　143
孔武仲　　　　　　　　　　143
孔稚圭　　　　　　　　　　163
《桧亭集》　　　　　　　　155

况周颐　　　　　　　　　　187

L

《莱蒙托夫全集》　　　　　197
《兰波作品全集》　　　　　197
郎晔　　　　　　　　　　　153
《阆苑集》　　　　　　　　149
《浪子回头》　　　　　　　 80
《乐府》　　　　　　　　　153
《乐全先生文集》　　　　　146
《类编增广黄先生大全文集》　140, 146
《类编增广山谷先生大全文集》　140
《类编增广颍滨先生大全文集》　140
《类林》　　　　　　　　　149
《梨云馆类定袁中郎全集》　178
《梨洲遗著汇刊》　　　179, 186
《礼部集》　　　　　　　　155
《礼仪集》　　　　　　　　130
《李敖全集》　　　　　　　198
李白　　　　　　　　　　　134
《李白集》　　　　　　145, 152
《李白全集》　　　　　　　191
《李白全集校注汇释集评》　191
李壁　　　　　　　　　　　141
李滨　　　　　　　　　　　187
《李伯元全集》　　　　　　191
《李长吉歌诗》　　　　　　153
《李大钊全集》　　　　　　195
李道纯　　　　　　　　　　156

李德林	129, 163	《李太白全集》	175, 189
李德裕	131, 137	李庭	150
李调元	175	李维桢	168
李东阳	165, 178	李文蔚	159
李纲	147	《李文贞公全集》	179
李觏	176	李新乾	152
李光地	179	李阳冰	134
《李翰林集序》	134	《李义山集》	145
李好古	159	《李义山诗文全集笺注》	176
《李何林全集》	192	李尤	162
李贺	131	《李渔全集》	191, 193, 194
《李贺歌诗》	145	李元昊	149
《李贺歌诗编》	153	李致忠	144
《李鸿章全集》	191, 193, 195	《李卓吾评传奇五种》	170
李吉甫	129	《李卓吾先生批评忠义水浒传》	158
《李嘉祐集》	145	《历官表奏》	139
《李绛集》	136	《丽泽论说集录》	147
《李劼人全集》	194	《笠泽丛书》	152
李俊民	150	《联邦政府云战略》	32
李灵年	173	梁德养	150
李刘	148	梁启超	188
李昂英	154	《梁启超全集》	190
李梦阳	168	梁实秋	197
李培	167	《梁思成全集》	195
李潜夫	159	《梁谿先生文集》	147
李清植	179	《两宋名贤小集》	142, 143
李群玉	131	廖平	187, 188
李如龙	165	《廖平全集》	196
李绅	131	《列宁全集》	198
李石	145	林逋	146
《李时珍全集》	193	《林初文诗文全集》	165

林玫仪	173	刘禹锡	131, 135
《林则徐全集》	193	刘岳申	155
林章	165	刘爚	154
林之奇	147	刘珍	125
《临川集》	130	刘桢	162
《临川先生文集》	146	刘知远	159
令狐楚	137	《刘知远诸宫调》	151
《令狐楚集》	136	刘仲吉	140
《刘宾客集》	145	刘子翚	154, 177
刘秉忠	154	《刘子全书》	178, 182
刘光复	167	刘宗文	165
刘基	165	刘宗周	178, 182
刘吉	146	《刘宗周全集》	192
《刘见初先生全集》	167	《留芳录》	168
刘峻	163	《柳待制文集》	155
刘克庄	148, 153	柳贯	155
刘琨	162	柳宗元	136, 145
刘琳	137	《柳宗元集》	136
刘潜	163	《柳宗元文集》	153
《刘申叔先生遗书》	188	《六如居士全集》	178, 182, 186
刘师培	188	《六十种曲》	170
《刘文成公全集》	165	《六朝诗集》	162
《刘文典全集》	190, 193	《龙谿王先生全集》	167
刘向	118, 123, 126, 162	隆庆	161
刘孝绰	163	楼钥	147
刘孝威	163	卢思道	163
刘歆	118, 123, 126, 162	《卢梭全集》	198
刘昫	127	卢挚	159
刘学箕	154	《庐陵集》	130
刘因	154	《庐陵欧阳文忠公年谱》	140

《庐陵欧阳先生集》……… 140
鲁迅……… 188
《鲁迅全集》……… 188, 189
《鲁斋遗书》……… 154
陆倕……… 163
陆德……… 152
《陆放翁全集》……… 181, 190
陆龟蒙……… 131, 152
《录鬼簿》……… 158
陆机……… 162
陆九渊……… 154, 177
陆峻岭……… 152
陆陇其……… 179
《陆深全集》……… 168
陆士衡……… 144
陆士龙……… 144
《陆士龙文集》……… 144
陆心源……… 180
《陆宣公文集》……… 152
陆游……… 147, 154, 164, 177, 181
陆云……… 162
陆云龙……… 168
陆贽……… 152, 153
《陆子全书》……… 179
陆子遹……… 147
路易斯－雅克－芒代·达盖尔… 72
《栾城集》……… 139, 140
《銮坡遗札》……… 139
《论明代坊刻小说的广告手段》… 169
《论语》……… 129, 149

罗从彦……… 153
《罗尔纲全集》……… 195
罗贯中……… 157
《罗洪先全集》……… 168
罗兰逊……… 80
罗侨……… 165
罗汝芳……… 167
罗素……… 25
骆宾王……… 133
《骆宾王文集序》……… 133
《骆宾王文集》……… 145
《洛特雷阿蒙作品全集》……… 197
雊竹筠……… 152
吕本中……… 147
吕才鸠……… 132
《吕衡州集》……… 135
吕科……… 165
《吕留良全集》……… 194
吕乔年……… 147
《吕思勉全集》……… 196
吕温……… 135
《吕文懿公全集》……… 165
吕原……… 165
《吕振羽全集》……… 196
吕祖谦……… 143, 147
《吕祖谦全集》……… 192
《绿窗女史》……… 162
《略萨全集》……… 197

M

马国翰 …… 180
《马克思恩格斯全集》 …… 198
马礼逊 …… 172
马融 …… 162
《马一浮全集》 …… 193
《马寅初全集》 …… 190
马之骏 …… 168
马致远 …… 158, 159
马祖常 …… 155
迈克尔·库利 …… 15
《漫画》 …… 80
《毛古庵先生全集》 …… 186
毛奇龄 …… 179
《毛奇龄全集》 …… 195
毛宪 …… 186
《冒辟疆全集》 …… 193, 194
枚乘 …… 162
《梅花字字秀》 …… 155
《梅圣俞全集》 …… 176
《梅亭先生四六标准》 …… 148
梅尧臣 …… 146
《渼陂集》 …… 166
《渼陂续集》 …… 166
《蒙求》 …… 149
《蒙文通全集》 …… 194
《孟东野诗集》 …… 145
《孟襄阳集》 …… 145
米芾 …… 164
米兰·泽兰尼 …… 15
《泌园全集》 …… 168
《勉斋先生黄文肃公文集》 …… 147
《妙法莲华经》 …… 149
《妙远堂全集》 …… 168
《民国时期总书目》 …… 184, 185
《名山全集》 …… 187
《明别集版本志》 …… 160, 161
《明代版刻综录》 …… 160, 161
《明代传奇全目》 …… 169
《明代杂剧全目》 …… 169
《明道集》 …… 150
《明道文集》 …… 143
《明人别集经眼叙录》 …… 160
《明史·艺文志》 …… 160, 165, 168
《明书·经籍志》 …… 160
《明秀集》 …… 151
《末》 …… 177
《墨人博士作品全集》 …… 198
《墨子》 …… 212
《牟宗三先生全集》 …… 198
缪咏禾 …… 160
《缪钺全集》 …… 192
《牡丹芍药花品》 …… 139
《目录》 147, 148, 166, 167, 176, 177
穆修 …… 145

N

《南丰曾子固先生集》 …… 150
《南海集》 …… 147
《南曲次韵》 …… 166

《南省说书》 139
《南宋六十家小集》 142
《南宋群贤六十家小集》 143
《南宋群贤小集》 142
《南唐书》 181
《南塘先生四六》 147
《南岳唱酬集》 143
《南征集》 139
《闹樊楼多情周胜仙》 157
《内外制》 139
《内外制集》 139
《内制集》 139, 140
《尼采全集》 197
《年谱》 153, 175
《拈古》 146
《碾玉观音》 157
《鸟鼠山人全集》 166
《聂绀弩全集》 193
聂叔颐 166
《宁澹斋全集》 168
牛弘 163

O

欧阳健 157
《欧阳文忠公集》 139, 140, 146
《欧阳文忠公全集》 140, 176
欧阳修 127, 139, 146, 153, 164, 176
《欧阳修集》 139, 140
《欧阳修全集》 190
欧阳玄 155

《瓯北全集》 180

P

《帕克》 80
潘恩 166
潘飞声 187
《潘恭定公全集》 166
潘尼 162
潘维梓 155
潘岳 162
《盘洲文集》 147
《蟠氏老人文集》 148
《佩玉斋类稿》 156
彭始抟 177
《彭阳唱和集》 137
皮日休 131
皮锡瑞 180
《毗陵集》 135
《琵琶记》 159
《平山郁夫全集》 197
《平台经济》 112
《平园续藁》 139
《平斋文集》 148
《屏山全集》 177
蒲道源 155
《普希金全集》 197
《瀑泉集》 146

Q

《七略》 118

《七十二家集》	162	《清都散客》	186
《七史》	141	《清江三孔集》	143
《栖霞长春子丘神仙磻溪集》	151	《清宁集》	149
《漆侠全集》	192	《清全集》	168
《齐白石全集》	190	《清人别集总目》	173
启	206	《清人诗集叙录》	173
《启功全集》	195	《清人诗文集总目提要》	173, 174
《绮庄集》	144	《清人著述总目》	172
《契丹藏》	149	《清人著述总目述例稿》	173
《卡夫卡全集》	197	《清容居士集》	155
卡列尔·克利奇	72	《清史稿·艺文志》	170, 172
《前录》	122	《清史稿艺文志拾遗》	172, 173
《前唐十二家诗》	163	《清吟堂全集》	179
钱大昕	180	《请恩疏稿》	168
《钱大昕全集》	191	《庆元府雪窦明觉大师祖英集》	146
《钱牧斋全集》	194	《琼瑶全集》	198
《钱穆先生全集》	196	丘迟	163
《钱塘韦先生文集》	146	丘处机	151
钱振锽	187	丘兆麟	168
《潜研堂全书》	180	丘子旦	168
《潜园总集》	180	《秋涧先生大全文集》	155
乔吉	159	《屈大均全集》	191
《樵云独唱集》	156	权德舆	131
《钦定续文献通考·经籍考》	160	《全明散曲》	169
秦观	146, 164	《全相乐毅图齐七国春秋后集平话》	157
秦简夫	159	《全相平话五种》	157
《勤斋集》	155	《全相前汉书续集平话》	157
《青山集》	146	《全相秦并六国平话》	157
《清庵先生中和集》	156	《全相三国志平话》	157
《清词别集知见目录汇编》	173		

《全相武王伐纣平话》	157	《三现身包龙图断冤》	157
《全元文》	152	《杀狗记》	159
《泉翁大全集》	166	《莎士比亚全集》	197
《群书四部录》	127	《善本古籍影印目录（1911—1949）》	185
《群音类选》	170	《禅月集》	144

R

任昉	163
任士林	154
《容春堂全集》	168
《儒家言》	119
《儒学警悟》	142
《汝洛集》	137
《汝阳杂编》	139
阮籍	162
阮瑀	162

S

萨都剌	155
《塞万提斯全集》	197
《三才杂字》	149
《三国志》	124
《三国志·蜀书·诸葛亮传》	122
《三国志·魏书·文帝纪》	121
《三国志通俗演义》	157
《三孔清江文集》	142
《三松堂全集》	189, 192
《三苏先生文粹》	142, 143
《三苏先生文集》	142
《三遂平妖传》	157

商辂	165
《商文毅公全集》	165
《商务印书馆图书目录（1897—1949）》	185
《商业零售业态》	34, 35
尚仲贤	159
《少室山房全稿》	181
邵宝	168
邵启南	165
邵仁泓	176
邵雍	153, 154, 180
邵元节	165
《邵子全书》	180
《舍人集》	143
《涉史随笔》	148
《申斋刘先生文集》	155
《生理学原理》	100
《省斋文藁》	139
《圣经》	70
《圣立义海》	149
《圣宋文海》	143
《盛明杂剧》	170
《盛世新声》	170
《剩语》	154

《师伏堂丛书》	180	释契嵩	153
《师山先生文集》	156	释惟则	156
《师陀全集》	192	释英	154
《师子林别录》	156	释圆至	154
《诗后稿》	165	释重显	146, 153
《诗教上》	123	手冢治虫	82
《诗经》	124	《首》	165, 176, 177
《诗薮》	123	《书藁》	139
施惠	159	《书简》	140
施耐庵	157	《书林外集》	156
十朋	150	舒尔茨	82
《十三经注疏》	141	舒芬	166
石君宝	159	舒瓛	166
《石林遗书》	181	《舒文节公全集》	166
《石田先生文集》	155	束晢	162
石子章	159	《双溪醉隐集》	154
《拾遗》	150	《水浒传》	158
史蒂文·卡朋特	111	《水西全集》	167
《史记》	149, 206	《顺斋先生闲居丛稿》	155
《史记·殷本纪》	204	《顺宗实录》	129
史弥宁	148	舜	206
《史念海全集》	195	《舜水遗书》	186
《世德记》	166	司空图	131
《世经堂全集》	168	司马光	146, 164, 176
《侍郎葛公归愚集》	147	司马迁	162
释大	155	司马相如	162
释道	146	《私录》	154
释道璨	148	《斯大林全集》	198
释惠洪	154	《四库全书》	170, 171, 175
《释名》	125	《四库全书总目》	152

《四溟山人全集》………………… 166
《四雪草堂重编通俗隋唐演义》‥ 158
《四言杂字》…………………… 149
《赐号大和先生全集》…………… 166
《松乡先生文集》………………… 154
《松雪斋文集》…………………… 154
《宋丞相文山先生全集》………… 177
《宋大诏令集》…………………… 142
宋定国 …………………………… 160
《宋黄山谷先生全集》…………… 177
宋褧 ……………………………… 155
宋濂 ………………………… 165, 177
《宋六十名家词》………………… 164
宋敏求 …………………………… 145
宋祁 ……………………………… 146
《宋人别集叙录》………………… 140
《宋史》…………………………… 139
《宋史·艺文志》……… 127, 137, 140
宋璲 ……………………………… 155
《宋琬全集》……………………… 194
《宋学士全集》…………………… 177
《宋元名家诗》…………………… 164
《宋元诗》………………………… 164
《宋元十二家诗选》……………… 164
《宋元四十三家集》……………… 164
《宋元小说话本集》……………… 157
《宋宗忠简公全集》……………… 177
苏辙 ………………… 139, 153, 164
《苏东坡全集》……………… 190, 191
《苏老泉先生全集》……………… 176

《苏曼殊全集》…………………… 190
《苏门六君子文粹》……… 142, 143, 164
苏轼 …………………… 139, 153, 154, 164
《苏轼前后集》…………………… 139
苏天爵 …………………………… 156
苏廷魁 …………………………… 179
《苏文定公文集》……………… 140, 146
苏洵 …………………… 146, 164, 176
《苏斋丛书》……………………… 180, 186
《隋书》…………………………… 122, 129
《隋书·经籍志》………………… 126
《随园三十种》…………………… 179
《岁寒集》………………………… 149
孙 ………………………………… 167
孙楚 ……………………………… 162
孙绰 ……………………………… 162
孙存吾 …………………………… 155
孙觌 ……………………… 147, 153, 154
《孙犁全集》……………………… 195
孙奇峰 …………………………… 179
孙樵 ……………………………… 131
《孙尚书大全文集》……………… 147
《孙夏峰全集》…………………… 179
《孙月峰先生全集》……………… 167
《孙中山全集》…………………… 189
《孙子兵法三注》………………… 149

T

《太和正音谱》…………………… 158
《太史升庵全集》…………… 166, 178

《泰戈尔全集》 197
《泰晤士报》 100
昙域 144
谈阁童 132
谭嗣同 187
《谭嗣同全集》 189
谭元春 168
《潭浏阳全集》 187
汤斌 179
汤寿潜 186
《汤文正公全集》 179
《汤显祖全集》 191
《汤用彤全集》 190
《唐八家诗》 163
《唐百家诗》 163
《唐故衡州刺史吕君集纪》 135
《唐故尚书礼部员外郎柳君集纪》 136
《唐故相国李公纪集》 136
《唐故相国赠司空令狐公集纪》 136
《唐集叙录》 145
《唐君毅全集》 196, 198
《唐兰全集》 196
《唐六家集》 163
《唐六家诗》 163
《唐人七家诗》 163
《唐人五十家诗集》 163
《唐人小集》 163
《唐诗二十六家》 163
《唐诗鼓吹》 150

《唐十二家诗集》 163
《唐十二名家诗》 163
《唐十子诗集》 163
《唐书·艺文志》 127
《唐宋十大家全集》 176
《唐五家诗》 163
《唐先生文集》 147
唐寅 178, 182, 186
唐仲冕 178, 181
《棠湖诗稿》 148
《韬奋全集》 190
陶弘景 163
《陶靖节先生集》 145
陶渊明 163
《特拉克尔全集》 197
《题跋》 148
《天盛改旧新定律令》 149
《铁崖文集》 156
《铁崖先生古乐府》 156
《亭林先生遗书汇辑》 179, 186
同恕 155
《桐城吴先生全集》 180
《桐城吴先生全书》 190
《桐江续集》 154
《屠格涅夫全集》 197
《退庐全书》 187
《退休集》 147
《陀思妥耶夫斯基全集》 197

W

《外集》 140, 147, 154, 166, 176, 177, 178
《外制集》 140
《玩具总动员》 181
《宛陵先生文集》 146
《万里志》 165
《万斯同全集》 193, 195
汪伯彦 146
《汪曾祺全集》 196
汪修能 168
王安石 153, 164, 176, 186
《王安石全集》 186, 191
王褒 162, 163
王勃 133
王粲 162
王旦 147
王恩绂 180
王逢 156
《王奉常杂著》 181
王夫之 179
《王淦昌全集》 192
王国维 188
《王国维全集》 189, 192
王和卿 159
《王黄州小畜集》 146
王绩 132
王寂 150
王俭 163
《王建诗集》 145
王缙 133
王闿运 187, 188
《王力全集》 196
《王临川全集》 176
《王鸣盛全集》 194
王圻 160
王琪 145
王仁持 150
王融 163
王阮 147
王若虚 150, 153
王僧孺 163
王绍曾 172, 173
王十朋 153
王时敏 186
王实甫 158
王士禛 179
《王士禛全集》 194
王世懋 181
王世贞 181
王守仁 166, 178
王万庆 154
《王维全集》 191
《王维桢全集》 168
《王文成公年谱》 166
《王文成公全书》 166
《王文成公文录》 166
《王文肃公全集》 167
王羲之 162
王锡爵 167

王献之	162
《王湘绮先生全集》	187
《王烟客先生集》	186
《王阳明全集》	191
《王阳明先生全集》	178
王逸	162
《王右丞文集》	145
《王渔洋遗书》	179
王禹偁	146
王钰	146
王筠	163
王恽	155
王贞	130
王仲文	159
《王子安集》	133
《王佐良全集》	196
危素	177
《危学士全集》	177
威廉·贺拉斯	80
威廉·考帕	72
威廉·塔尔伯特	72
《韦苏州集》	145
韦骧	146
《维特根斯坦全集》	197
《渭南文集》	147, 181
魏道明	151
魏颢	134
魏了翁	148
魏娜·艾莉	15
《魏氏全书》	187
魏收	163
魏野	146
魏元旷	187
《魏源全集》	189, 193, 194
魏允孚	166
《温国文正公文集》	146, 176
《温泉李太史冰壑公学余诗稿全集》	165
温子昇	163
《文》	153
《文编》	130, 131
文德翼	168
《文稿》	165
《文海宝韵》	149
《文后稿》	165
《文集》	124
《文录续编》	166
《文明结婚》	80
《文史通义》	123, 124
《文太青先生全集》	168
《文体明辨》	169
文天祥	153, 154, 164, 177
《文献公全集》	177
《文选》	121, 169
《文章辨体》	169
《文章辨体汇选》	169
《闻一多全集》	189, 190
翁方纲	180, 186
翁卷	143
《翁卷集》	143

翁万达	166
《无为集》	146
《无文印》	148
吴昌龄	159
吴澄	154, 181
吴钧	163
吴莱	155
《吴梅村全集》	191
吴讷	169
吴汝纶	180
吴师道	155
《吴世昌全集》	192
《吴蜀集》	137
《吴文正公集》	154
《吴新荣全集》	198
《吴兴集》	130
吴熊和	173
吴炎	146
吴兆宜	175
吴震元	167
《吴稚晖全集》	195
《梧溪集》	156
《五百家注音辨昌黎先生文集》	153
《五代史记》	139
《五经》	149
《五唐人集》	163
《五音切韵》	149
《武侯全书》	175
《武经七书》	141
《武林旧事》	158
武汉臣	159
武作成	172

X

《西归集》	147
《西河合集》	179
《西林全集》	167
《西楼全集》	167
《西楼诗选》	167
《西溪文集》	143
《西厢记》	158
《西园全集》	168
《西垣类稿》	147
《西原全集》	166
《惜抱轩全集》	180, 186
《熙德园全集》	168
《熹平石经》	142
夏侯湛	162
《夏小正》	211
《夏衍全集》	192
《现存宋人别集版本目录》	138, 146, 153
《现存宋人著述总录》	138
《相似》	87
《详注周美成词片玉集》	147
《象山先生全集》	177
萧詧	163
《萧乾全集》	193
萧纲	163
《萧红全集》	194

萧柳	149	《谢宣城诗集》	145
萧士赟	152	《谢幼槃文集》	147
萧统	163	《谢曰可比部全集》	168
萧相恺	157	谢榛	166
萧衍	163	谢庄	163
萧绎	123, 163	辛弃疾	153
萧子良	163	《辛塔克斯大夫一生的旅行》	80
萧斛	155	《新订六译馆丛书》	187
《小亨集》	150	《新集锦合辞》	150
《小集》	134	《新刊剑南诗稿》	147
《肖邦全集》	197	《新刊宋学士全集》	165
《孝经》	149	《新刊谭友夏合集》	168
《笑隐和尚语录》	155	《新刊汤学士校正古本按鉴演义全像通俗三国志传》	157
叶德辉	187		
《叶君健全集》	195	《新刻漱六斋全集》	167
叶梦得	154, 181	《新莎士比亚全集》	198
叶盛	178	《新书》	124
《叶台全集》	167	《新唐书》	127, 139
《叶文庄公全集》	178	《新唐书·艺文志》	127, 129
叶向高	167	《新志》	127
叶颙	156	《行状》	141
《谢国桢全集》	195	邢邵	163
谢惠连	163	《醒世姻缘传》	170
谢薖	147	熊桂	165
谢灵运	163	《熊十力全集》	193
谢泰愚	178	熊廷弼	168
《谢天愚先生全集》	178	《绣刻演剧》	170
谢朓	163	《盱江先生全集》	176
谢廷赞	168	徐	153
谢星缠	160	徐必达	181

《徐昌榖全集》	166	薛邦瑞	166
徐幹	162	薛昌凤	186
《徐公文集》	146	薛道衡	163
《徐光启著译集》	190	薛福成	180
徐玑	143	《薛文清公全集》	165
《徐玑集》	143	薛瑄	165
徐阶	168	薛应旂	167
徐景凤	181	《学术研究》	169
徐陵	163, 175	《雪窦显和尚明觉大师颂古集》	146
徐民瞻	144	《雪莱全集》	197
徐师曾	169	荀勖	162
徐淑	162	荀悦	162
《徐渭诗文全集》	168	逊纳菲尔德	71
《徐孝穆全集》	175		
徐铉	146	**Y**	
徐照	143	《雅似堂全集》	168
《徐照集》	143	《亚里士多德全集》	197
徐祯	166	亚里士多德	27
《徐志摩全集》	195	严迪昌	173
徐畽	159	《严复全集》	194
许衡	154, 164, 181	严羽	154
许浑	152	《颜鲁公集》	145
许奇钺	167	《颜鲁公神道碑》	130
《许文穆公全集》	167	颜延之	163
《许文正公遗书》	181	颜真卿	130
《许相卿全集》	168	《弇州山人四部稿》	181
《许宗鲁全集》	168	晏良榮	165
《续补》	179	晏知	145
《续集》	139, 152, 168	《雁门集》	155
《续文献通考·经籍考》	160	燕如凤	165

《燕石集》	155	《杨忠介公全集》	166
扬雄	120, 162	杨梓	159
《杨复所全集》	167	《养蒙集》	154
杨冠卿	147	尧	206
杨翮	156	姚名达	142
杨弘道	150	姚鼐	180, 186
杨怀素	156	姚文栋	187
杨奂	150	姚希孟	168
杨坚	129	姚莹	180
杨㻗	130	耶律楚材	154
杨杰	146	耶律洪基	149
杨爵	166	耶律隆先	149
杨齐贤	152	耶律铸	154
杨起元	167	野利仁荣	149
《杨仁山居士遗著》	187	《野棠轩全集》	187
杨慎	178	《伊川文集》	143
《杨升庵先生年谱》	178	《遗集》	166, 178
杨士奇	178	《遗山乐府》	150
《杨守陈全集》	168	《遗山先生文集》	150
杨守勤	168	《遗文》	176
杨万里	147, 153, 164, 177	《义丰文集》	147
杨维桢	156	汉贾谊	162
杨文会	187	《汉旧仪》	125
《杨文节公诗文全集》	177	《汉泉曹文贞公诗集》	155
杨显之	159	《汉书》	149
杨循吉	181	《汉书·艺文志》	118, 156
杨广	163	《汉魏六十名家》	175
《杨园张先生全集》	179	《汉魏六朝百三名家集》	162
杨载	155	《汉魏六朝名家集初刻》	175
杨增新	187	《汉魏六朝诸家文集》	162
杨忠	173	《汉魏六朝诸名家集》	162

《汉魏诸名家集》……………… 162
《易》………………………… 206, 212
《易经》……………………… 118
易顺鼎………………………… 187
《易童子问》………………… 140
阴铿…………………………… 163
《音同》……………………… 149
殷践猷………………………… 127
《饮冰室合集》……………… 188
《英华字典》………………… 172
《颍阴集》…………………… 139
应璩…………………………… 162
应玚…………………………… 162
《应诏集》…………………… 139, 140
《庸庵全集》………………… 180
《雍虞先生道园类稿》……… 155
《永嘉四灵诗集》…………… 143
《永乐大典》………………… 163
游孝恭………………………… 143
《友林乙稿》………………… 148
于……………………………… 133
《余潜士全集》……………… 193
俞鼎孙………………………… 142
俞经…………………………… 142
俞嶙…………………………… 178
《俞平伯全集》……………… 190
俞樾…………………………… 180
《俞正燮全集》……………… 193, 194
虞淳…………………………… 168
虞集…………………………… 155
《与王朗书》………………… 121

《与吴质书》………………… 121
宇文毓………………………… 163
禹……………………………… 206
《语录》……………………… 148, 166
庾肩吾………………………… 163
庾信…………………………… 163, 175
《庾子山全集》……………… 175
《玉函山房全集》…………… 180
《玉茗堂全集》……………… 167
《玉书庭全集》……………… 168
《玉堂类藁》………………… 139
《玉谿生诗笺注》…………… 176
《育德堂奏议》……………… 147
《郁达夫全集》……………… 192, 195
《御制逍遥咏》……………… 146
《寓庵集》…………………… 150
《寓庵乐府》………………… 150
《渊颖吴先生集》…………… 155
《元代杂剧全目》…………… 158
《元丰类稿》………………… 146
《元公周先生濂溪集》……… 146
元好问………………………… 150, 153, 164
元结…………………………… 130, 131
《元人十集》………………… 164
《元人十种诗》……………… 164
《元人文集版本目录》……… 152, 154
《元人文集篇目分类索引》…… 152
《元诗四大家》……………… 164
《元史艺文志辑本》………… 152, 154, 157
《元氏长庆集》……………… 145
元肖洵………………………… 155

《元遗山诗集》	150	《臧克家全集》	195
《元遗山先生集》	177	《增像全图三国演义》	157
《元遗山先生全集》	181	《增广圣宋高僧诗选》	143
元稹	129, 131	《增广音注唐郢州刺史丁卯诗集》	152
《元子》	130	詹姆斯·亨德森	80
袁宏道	168, 178	詹姆斯·吉尔雷	80
袁华	154	《詹锳全集》	192
袁桷	155	《湛然居士文集》	154
袁枚	179	湛若水	166
袁士元	156	《张爱玲典藏全集》	198
《袁世凯全集》	192, 195	《张爱玲全集》	190
袁淑	163	张邦奇	166
袁行云	173	张弼	165
袁中道	167	张伯淳	154
《袁中郎先生全集》	168	张伯行	176
约柴·本克勒	19	张伯颜	152
约翰·弗里德里希·布卢门巴赫	100	张采	154
约瑟夫·尼博斯	72	《张岱年全集》	190
《月月乐诗》	150	张德辉	151
岳珂	148, 154	《张东海全集》	165
《云巢集》	143	张方平	146
《筠溪牧潜集》	154	张衡	162
《恽代英全集》	196	张弘	165
		张华	162

Z

《杂记》	165	《张謇全集》	191, 195
《杂家言》	119	张九成	147
《杂阴阳》	119	张可久	159
《杂著述》	139, 140	张乐平	82
《赞》	148	张履祥	179
		张明弼	168

《张溥泉先生全集》	198	赵抃	146
张融	163	赵秉	151
张汝霖	167	赵秉文	150, 153
《张生彩鸾灯传》	157	赵承恩	175
张叔籁	168	赵德仲	167
《张司业集》	145	赵国宝	153
《张文定公全集》	166	《赵纪彬全集》	192
《张文襄公全集》	187	赵孟	154, 177
《张文忠公文集》	154	赵南星	167, 186
张协	162	《赵清献公文集》	146
《张秀亚全集》	198	赵汝谈	147
张萱	168	赵师秀	143
张养浩	154, 159	《赵师秀集》	143
张翼廷	187	《赵文敏公松雪斋全集》	177
张咏	146	《赵文肃公全集》	167
张雨	156	赵衍	153
张载	162, 181	赵翼	180
张正见	163	《赵翼全集》	193, 194
张之洞	187	赵用光	167
《张之洞全集》	193, 195	赵悦学	167
《张子全书》	181	赵贞吉	167
章炳麟	187	《赵忠毅公全集》	167
《章氏丛书》	187	《赵子昂诗集》	154
《章氏遗书》	186	《贞观玉镜统》	149
《章太炎全集》	189	《贞观政要》	149
章琬	156	真德秀	153, 181
章学诚	124, 186	《真西山全集》	181
《昭明太子集》	145	正德	161
《朝散集》	143	《政府应制藁》	139
《朝天续集》	147	《政和道藏》	141

《郑板桥全集》⋯⋯⋯⋯⋯ 190
郑得潇 ⋯⋯⋯⋯⋯⋯⋯⋯ 186
郑光祖 ⋯⋯⋯⋯⋯⋯⋯⋯ 159
《郑君里全集》⋯⋯⋯⋯⋯ 196
郑起 ⋯⋯⋯⋯⋯⋯⋯⋯⋯ 154
郑善夫 ⋯⋯⋯⋯⋯⋯ 166, 178
《郑少谷先生全集》⋯ 166, 178
郑思肖 ⋯⋯⋯⋯⋯⋯⋯⋯ 154
郑廷玉 ⋯⋯⋯⋯⋯⋯⋯⋯ 159
郑玄 ⋯⋯⋯⋯⋯⋯⋯⋯⋯ 162
郑衍祖 ⋯⋯⋯⋯⋯⋯⋯⋯ 178
郑玉 ⋯⋯⋯⋯⋯⋯⋯⋯⋯ 156
郑珍 ⋯⋯⋯⋯⋯⋯⋯⋯⋯ 186
《知常先生云山集》⋯⋯⋯ 156
《知识的进化》⋯⋯⋯⋯⋯ 15
《知识设计企业》⋯⋯⋯⋯ 24
《止斋先生文集》⋯⋯⋯⋯ 147
挚虞 ⋯⋯⋯⋯⋯⋯⋯⋯⋯ 162
《中庵先生刘文简公文集》⋯ 155
《中复堂全集》⋯⋯⋯⋯⋯ 180
《中国出版通史·民国卷》· 184, 185
《中国出版通史·宋辽西夏金元卷》⋯⋯
⋯⋯⋯⋯⋯⋯⋯⋯⋯⋯⋯ 144
《中国丛书广录》⋯⋯⋯⋯ 185
《中国丛书综录》⋯⋯ 185, 187
《中国丛书综录补编》⋯⋯ 185
《中国丛书综录续编》⋯⋯ 187
《中国典籍与文化》⋯⋯⋯ 173
《中国古代通俗小说总目提要》·· 169
《中国古代文体学论稿》⋯ 126

《中国古籍善本书目》⋯⋯ 160
《中国古籍总目》⋯⋯ 160, 161, 164,
⋯⋯⋯ 165, 173, 175, 177, 179, 185, 187
《中国古籍总目·丛书部·独撰类》⋯
⋯⋯⋯⋯⋯⋯⋯⋯⋯⋯⋯ 179
《中国古籍总目·集部·别集类·明代之属》⋯⋯⋯⋯⋯⋯⋯ 165
《中国近现代丛书目录》⋯ 185
《中国戏曲剧目初探》⋯⋯ 158
《中国现代文学总书目》⋯ 184
《中华书局图书目录（1912—1949）》··
⋯⋯⋯⋯⋯⋯⋯⋯⋯⋯⋯ 185
《中论》⋯⋯⋯⋯⋯⋯⋯⋯ 121
《中山狼院本》⋯⋯⋯⋯⋯ 166
《中州集》⋯⋯⋯⋯ 150, 151, 153
《中州乐府》⋯⋯⋯⋯⋯⋯ 150
《忠义水浒全书》⋯⋯⋯⋯ 158
钟会 ⋯⋯⋯⋯⋯⋯⋯⋯⋯ 162
钟嗣成 ⋯⋯⋯⋯⋯⋯⋯⋯ 158
《重镌心斋王先生全集》⋯ 166
《重刊船山遗书》⋯⋯⋯⋯ 186
《重刻渼陂王太史先生全集》⋯ 166
《重校鹤山先生大全文集》⋯ 148
《重广分门三苏先生文粹》⋯ 143
《重广眉山三苏文集》⋯⋯ 143
周邦彦 ⋯⋯⋯⋯⋯⋯⋯⋯ 147
周必大 ⋯⋯⋯⋯⋯ 139, 146, 147
《周髀算经》⋯⋯⋯⋯⋯⋯ 212
周敦颐 ⋯⋯⋯⋯ 146, 164, 176, 181
周馥 ⋯⋯⋯⋯⋯⋯⋯⋯⋯ 187

索　引　257

周恪	167
《周礼》	142
《周濂溪先生全集》	176
《周亮工全集》	193, 194
《周讷谿全集》	167
周清澍	152
周权	155
《周悫慎公全集》	187
周贻白	158
《周贻白小说戏曲论集》	158
《周易》	212
《周易发挥》	128
《周益文忠公集》	147
《周子全书》	181
《肘后方》	149
《朱秉器全集》	167
朱赓	167
朱孟震	167
朱明	166
朱权	158
朱生豪	197
朱淑真	153
朱松	153
《朱文懿公全集》	167
朱熹	147, 153, 154, 164, 177, 181
朱之瑜	186
《朱子文集大全类编》	177
《朱子遗书》	181
《诸葛孔明全集》	190
诸葛亮	162, 175
《诸葛亮集》	122
《诸葛氏集目录》	122
《竹书纪年》	206
《注陆宣公奏议》	153
祝允明	166
庄诚	166
《庄靖集》	150
《庄子·外物篇》	156
《卓珂月先生全集》	168
卓迈	168
卓文君	162
《卓吾先生李氏丛书》	181
《拙轩集》	150
《拙斋文集》	147
《滋溪文稿》	156
《宗伯集》	143
宗文灿	177
宗泽	177
《邹德溥全集》	168
邹守益	166
《邹文庄公全集》	166
邹元标	178
《邹忠介公全集》	178
《奏议》	139, 148
《奏议集》	140
左思	162
《左文襄公全集》	180
左宗棠	180
《左宗棠全集》	189, 191, 193, 19

后 记

于书，我是使者，更是信徒，只有书本身是唯一的上帝。对于书的这份宗教般的执着感情，并未因我的白发苍苍而有些许减弱，相反，更因世事沧桑而让我更觉书之神圣。正是那些人杰、圣贤和先知们的思想光芒照亮了我的漫漫长夜，送我入眠，催我清醒。书，已生长成为我生命的一部分。

因了这份对书的执念，我义无反顾地选择了进入出版界。这是我的幸运，与书为伴，让我的生活充满了幸福的泪水、欢快的忧郁和醒悟的困惑。作为一个出版人，我不再是一个书页上的单纯的喜怒哀乐的阅读者，也不再是一个随书而动的单纯的步其后尘者，更不再是一个任意涂抹生活的单纯的风语者。出版，因书而再次改变了我的思维方式与生命状态。

任何一个出版人都是一个思考者。因为出版的门类不同，出版人所思考的角度也有所不同。幸运再次垂青了我，因为我是一名历史专业的出版人。一位朋友说，学习历史学与天文学的人都是思维辽阔的人，我十分赞同这个观点，历史的天空让人时时回到汉唐宋元，让人时时旅行于欧亚美洲，历史让人时时忘记当下，时时忘记物质，时时忘记周围的生活。因为深迷于历史，我从志于学而至今从未放弃对历史之研究。我最初的志向是历史文献学，入职后因偶然的因素从事区域出版史研究四年，其后因为从事出版行政管理工作，又将视野扩展到出版理论研究，进入新世纪，我再次从事出版实务工作，因为试图出版经典与解读经典，我将自己的研究重点转移到了书籍史，以至于今。书籍史是研究出版学的基础。一个学科的研究如果脱离了对本学科历史的追寻，那么，这个学科的研究必将沦为无根之学。出版学、编辑学也毫无例外。因此，我对出版史、书籍史的思考与研究，其终究目的是寻找出版的本质，是探索出版规律以及构建这些规律的理论依据。正是基于对书籍史、出版史的研究，我找到了中国学术演变的枢纽，找到了元典著作的历史地位，找到了中国书体形成的规律，找到了中国知识分类的走向，同时也找到了当下出版的努力方向，至少是我当为之奋斗的出版方向。

出版是实务，似乎不必计较理论思考。但恰恰是因为我们缺失了对出版理论的思考，才让我们的出版实务失去了正确的方向，才让我们的出版实践陷入了盲人摸象的境地，才让我们的出版理想陷入了进退失据欲罢不能的困境与窘境。一个学科的理论是一个学科研究的指导思想，是研究问题的方法论，是解决问题的工具与手段，我们只有将出版的功能与性质、出版的本质与规律烂熟于心，才能在每时每地衡量我们所从事的出版实务是否正确、是否有益、是否具有价值与意义。我历来主张并身以践行，当我们要进入某一领域某一专业某一方向的出版的话，我们一定要从研究这一领域这一专业这一方向起步，我们一定要以一个专业的学者的身份与角度掌握与熟悉这一出版领域的基本规律,我们一定要结合历史与现状、技术与条件、局限与前景提出问题,只有如此,我们才能找到突破与路径。理论源于实践、理论指导实践、实践检验理论,这是最基本的也是最有效的规避出版风险的方法论。也正是因为如此,我始终勤奋地不懈地思考着探索着:出版的功能是什么、出版的价值是什么、出版的规律是什么、出版的内涵与外延是什么、出版的地位与作用是什么、出版的业态是什么、出版的角色是什么、出版的结构是什么、出版的介质与技术条件是什么、出版的政策是什么,等等。正是这些无穷的问题,构成了这本小册子的主要内容,尽管它仅仅是问题的一个小小角落。

收入本书的12篇文章与代序是我近年来对出版理论的较为集中、系统的思考。代序《未来出版:谁还是主角》源于《编辑之友》的约稿,并于2011年第11期发表,其中的主要观点验之今日自感尚未过时,姑且将之置于书首以统领对出版未来趋势的思考。其后,我先后撰写并在杂志和百道网上发表:《出版的革命》(《现代出版》2013年第5期刊发、《新华文摘》2014年第2期全文转载、中国人民大学复印报刊资料《出版业》2014年第2期全文转载);《知识的革命——从出版的视角》(《现代出版》2015年第5期刊发);《出版的新业态与新角色》(百道网2015年发表);《数字出版内容的新边界》(百道网2015年发表);《数字教育出版商的得与失》(百道网2015年发表);《全球数据库出版图谱》(百道网2015年发表);《从图像积累看图像出版的扩张过程》（百道网2016年发表）；《动画出版与漫画出版》（百道网2016年发表）；《论按需型出版》（《出版发行研究》2017年第7期刊发）；《论平台型出版》（《出版科学》2018年第1期刊发）。以上文章，从不同角度与侧面探讨了数字出版条件下的不同理论问题，尽管重点各异，但立论却是始终贯通的，这便是：我认为，出版的进步始终由符号系统载体材料技术与复制技术进步所左右，随着此两项技术的不断发展与应用，出版的边界始终处于不断的扩张中，尤其是基于计算机的数字技术的发明与进化，革命性地改变了出版的形态、业态、结构、流程、外延，出版将重新改变人类社会的生产方式与生产关系、生存方式与生活状态、组织结构与价值判断，出版的功能将被放大，出版将作为一种新的文化力量推动人类社会的进步与发展。

《华夏文明传承创新的数字化思考》撰写于2014年，其初衷是想通过思考数字出版在华夏文明传承创新中所起到的作用这一案例，探求数字出版将如何改变现代文明社会，随之也可以证明数字技术扩张了出版的疆界。但成文之后，这篇文章却成为中国的农耕文明、工业文明、信息文明三种文明交织、交汇、交融的关系图景。《古今全集出版小史》撰写于2017、2018年，本是为了给"历代全集丛刊"作一出版说明，完全出乎意料的是这篇"出版说明"竟断断续续写了5万字，从简帛载体的先秦个人文集直到当下的PDF格式的电子图书，对一个专题进行了较为系统的总结与归纳。文成之后，反观之，这部"小史"具有叙述的通史性，以历代全集书籍的结纂、编辑与出版为例，恰恰可以印证出版的边界正是在载体材料和复制技术的进步下而不断扩张的，这一发展主题恰恰也是《出版的边界》一书的主旨，这一暗含正是以一个出版物门类古今之变化而去论证出版的疆界是如何拓展的，这也许也是另一个意外收获。

最后，我还要感谢中国传媒大学出版社与编辑出版研究中心的芦世玲、刘广东、张雨晗、赵丽华、唐颖诸女士，感谢百道网的程三国先生、令嘉女士、郭雪女士，正是他（她）们为这些文章提供了刊出的机会。我的同事王建新先生、杨光女士、陆斌先生，等等，为本书的出版均付出了诸多心血与劳动，在此一并感谢。

耿相新
2018年8月19日

中国出版产业发展研究丛书

第一辑

◎《论出版的文化自觉》
◎《自出版管理问题研究》
◎《当前出版企业转型问题研究》
◎《中国数字出版产业政策研究》
◎《出版传媒上市公司投融资研究》
◎《中国数字出版内容国际传播研究》
◎《媒介融合趋势下的出版变迁与转型》
◎《中文人文社会科学学术期刊评价体系研究》
◎《中国出版产业政策研究：社会转型与价值观建构》
◎《大学精神与大学出版：民国中央大学"学人办刊"研究》

第二辑

◎《出版是什么》
◎《出版的边界》
◎《期刊：连续出版的逻辑》
◎《中国版权管理体制改革研究》
◎《中国近现代出版企业制度研究》

图书在版编目(CIP)数据

出版的边界/耿相新著. -- 北京:中国传媒大学出版社,2020.5
(中国出版产业发展研究丛书. 第二辑)
ISBN 978-7-5657-2703-0

Ⅰ. ①出… Ⅱ. ①耿… Ⅲ. ①出版工作—研究—中国 Ⅳ. ①G239.2

中国版本图书馆 CIP 数据核字(2020)第 064081 号

出版的边界
CHUBAN DE BIANJIE

著　　者	耿相新
责任编辑	刘广东
封面设计	李杨桦　郭　琳
责任印制	阳金洲

出版发行	中国传媒大学出版社
社　　址	北京市朝阳区定福庄东街1号　邮编:100024
电　　话	86-10-65450528　65450532　传真:65779405
网　　址	http://cucp.cuc.edu.cn
经　　销	全国新华书店
印　　刷	三河市东方印刷有限公司
开　　本	710mm×1000mm　1/16
印　　张	17.25
字　　数	172 千字
版　　次	2020 年 5 月第 1 版
印　　次	2020 年 5 月第 1 次印刷
书　　号	ISBN 978-7-5657-2703-0/G·2703　　定　价　85.00元

版权所有　翻印必究　印装错误　负责调换